国 务 院 研 究 室 调 研 成 果 选

黄守宏 / 主编

中国经济社会发展
形势与对策（2021）

坚持助企纾困与激发活力并举
促进稳就业保民生

中国言实出版社

图书在版编目（CIP）数据

2021 中国经济社会发展形势与对策 . 坚持助企纾困与激发活力并举 促进稳就业保民生 / 黄守宏主编 .

-- 北京：中国言实出版社 , 2021.12

ISBN 978-7-5171-3976-8

Ⅰ . ① 2… Ⅱ . ①黄… Ⅲ . ①中国经济 – 经济发展 – 调查研究 – 2021 ②社会保障 – 研究 – 中国 – 2021 Ⅳ . ① F124 ② D632.1

中国版本图书馆 CIP 数据核字（ 2021 ）第 267206 号

中国经济社会发展形势与对策（2021）

坚持助企纾困与激发活力并举　促进稳就业保民生

出 版 人：王昕朋

责任编辑：朱艳华

责任校对：张国旗

出版发行：中国言实出版社

　　　地　　址：北京市朝阳区北苑路180号加利大厦5号楼105室

　　　邮　　编：100101

　　　编辑部：北京市海淀区花园路6号院B座6层

　　　邮　　编：100088

　　　电　　话：64924853（总编室）　64924716（发行部）

　　　网　　址：www.zgyscbs.cn　E-mail：zgyscbs@263.net

经　　销：新华书店

印　　刷：徐州绪权印刷有限公司

版　　次：2022年1月第1版　 2022年1月第1次印刷

规　　格：710毫米×1000毫米　1/16　 13.5印张

字　　数：150千字

定　　价：58.00元

书　　号：ISBN 978-7-5171-3976-8

本书编委会

主　任：黄守宏

副主任：陈祖新　　向　东

　　　　孙国君　　肖炎舜

编　委：（以下按姓氏笔画排序）

　　　　王汉章　　王昕朋　　王胜谦　　牛发亮

　　　　朱艳华　　乔尚奎　　刘日红　　李攀辉

　　　　宋　立　　张顺喜　　侯万军　　姜秀谦

CONTENTS | 目录

一、有力有序推动复工复产

1

二、助力市场主体纾困发展

三、更大激发市场主体活力

四、加大基本民生保障力度

关于推动高质量发展的若干问题

（代　序）

黄　守　宏

党的十九大作出我国经济发展已由高速增长阶段转向高质量发展阶段的重大判断。党的十九届五中全会明确"十四五"时期经济社会发展要"以推动高质量发展为主题"。习近平总书记就推动高质量发展发表一系列重要讲话，明确了推动高质量发展的根本目的、重点任务、主攻方向、战略战术、重大原则、实现途径，为推动高质量发展指明了方向，提供了根本遵循。

一、为什么要推动高质量发展

"十四五"时期经济社会发展要以推动高质量发展为

主题，这是党中央根据我国发展阶段、发展环境、发展条件变化作出的重大决策部署，具有重大现实意义和深远历史意义。

第一，推动高质量发展，是保持经济持续健康发展的需要。改革开放以来，我国经济保持快速增长，经济总量由 1978 年居世界第 11 位跃居世界第 2 位，占世界经济的份额由不到 2% 提高到 2020 年 17% 以上，从低收入国家进入中上等收入国家行列，创造了经济持续快速发展的世界奇迹。目前我国发展仍处于重要战略机遇期，继续发展具有多方面优势和条件，但面临结构性、体制性、周期性问题交织叠加的挑战，长期支撑我国发展的各方面条件发生重大变化，过去主要依靠资源、资本、劳动力等要素投入来支撑经济增长和规模扩张的方式已不可持续，发展正面临着动力转换、方式转变、结构调整的繁重任务。资源环境约束在加剧，要素成本在上升，劳动生产率不高。2020 年，我国全员劳动生产率为 11.8 万元 / 人，约 1.71 万美元 / 人，相当于世界平均水平的 70%、经合组织国家平均水平的 1/5、美国的 1/7。我国经济社会发展中的矛盾和问题集中体现在发展质量上。只有坚持质量第一、效益优先，加快转变发展方式、优化经济结构、转换增长动力，以更少的资源要素投入、更少环境代价取得更多的产出、更高的效益，才能推动经济行稳致远。

第二，推动高质量发展，是适应我国社会主要矛盾变化的需要。不同历史时期、不同发展阶段社会的主要矛盾不同，发展的任务、着力点、主攻方向也不同。自党的八大以来，我们一直讲，我国社会主要矛盾是"人民日益增长的物质文化需要同落后的社会生产之间的矛盾"。经过几十年的不懈努力，我国社会生产力有了历史性飞跃，人民生活水平显著提高。党的十九大作出一个重大判断，就是"我国社会主要矛盾已经转化为人民日益增长的美好生活需要和不平衡不充分的发展之间的矛盾"。实现全面建成小康社会目标后，人民群众对美好生活的向往更加强烈，期盼有更好的教育、更稳定的工作、更满意的收入、更可靠的社会保障、更高水平的医疗卫生服务、更舒适的居住条件、更优美的环境、更丰富的精神文化生活。与这些要求相比，我国发展不平衡不充分问题更加凸显出来。比如，农村发展相对缓慢，部分中高端产品供给不足，基础设施和公共服务有不少短板，一些地区生态环境恶化。解决这些问题，归根到底要靠高质量发展，以更加平衡、更加充分、更加全面的发展满足人民美好生活需要。

第三，推动高质量发展，是应对错综复杂国际环境、塑造我国国际经济合作和竞争新优势的需要。改革开放以来，我们打开国门，积极扩大对外贸易、引进外资、开展对外投资，形成了国际合作与竞争优势，有力促进了我国经济发展。当今世界正经历百年未有之大变局，我国发展的国际环境发生重大变化。一方面，和平与发展仍是时代主题，新一轮科技革命和产业变革深入发展，我国参与国际经济合作有机遇和空间。另一方面，世界进入动荡变革期，不稳定性不确定性明显增加，特别是新冠肺炎疫情仍在持续、影响广泛深远，经济全球化遭遇逆流，保护主义加剧，美国持续对我进行打压阻遏。外部环境复杂严峻已经成为我国发展面临的最大不确定因素，我国科技创新、产业链供应链稳定、外贸外资发展受到制约。现在我国产业总体上仍处于国际分工产业链、价值链中低端，发展面临着发达国家和发展中国家的"两面夹击"，"两头在外、大进大出"的发展模式已难以持续。应对外部环境变化带来的冲击挑战，关键在于办好自己的事，加快提高发展质量，推动产业链、供应链向国际中高端迈进，让"中国制造"转变为"中国创造""中国智造"，形成更多具有不可代替性的产品和技术，加快培育国际合作与竞争新优势。

第四，推动高质量发展，是深入防范化解重大风险的需要。"十四五"时期是我国跨越中等收入陷阱的关键阶段，也是各类风险易发多发阶段。仅就经济方面的风险隐患而言，就有多方面的。从国内看，部分地区债务风险加大，企业债券违约率、金融机构不良资产率升高，还有房地产价格上涨风险等。从外部看，国际金融市场、大宗商品价格波动加剧，对我国发展带来冲击和影响。特别是我国重要能源原材料对外依存度不断提高，缺乏定价权，蕴含着很大的风险。目前，我国石油、天然气对外依存度分别超过 70%、40%，铁矿石、镍矿、铜精矿对外依存度约 80%，铝土矿超过 50%，而且能源原材料进口来源集中度高。深入防范化解重大风险，是"十四五"时期经济社会发展必须跨越的关口。只有推动高质量发展，才能有效减少风险隐患产生和累积，增强经济社会抵御各种冲击的能力和韧性，实现安全发展。

二、什么是高质量发展

坚持以推动高质量发展为主题，需要正确认识和把握高质量发展的深刻内涵、核心要义、实践要求，使各地区各部门推动高质量发展始终沿着正确的方向前进，防止出现大的偏差，不断开创经济社会高质量发展新局面。对此，习近平总书记作出了深刻阐述，我们要全面学习领会、认真贯彻执行。

习近平总书记指出，"高质量发展，就是能够很好满足人民日益增长的美好生活需要的发展，是体现新发展理念的发展，是创新成为第一动力、协调成为内生特点、绿色成为普遍形态、开放成为必由之路、共享成为根本目的的发展"，"更明确地说，高质量发展，就是从'有没有'转向'好不好'"，"推动高质量发展，关键是要按照新发展理念的要求，以供给侧结构性改革为主线，推动经济发展质量变革、效率变革、动力变革"。根据习近平总书记重要论述，我们在认识高质量发展方面要注重把握好以下几点。一是完整、准确、全面贯彻新发展理念。我国虽已成为全球第二大经济体，但目前人均GDP仍排在世界80位左右，仍然是世界上最大的发展中国家，发展仍然是我们党执政兴国的第一要务。必须强调的是，新时代新阶段的发展必须贯彻新发展理念，必须是高质量发展。理念是行动的先导，发展理念从根本上决定着发展方式和成效。过去我们重速度、重规模，强调的是以国内生产总值（GDP）增长快慢、高低论英雄。我们现在提出高质量发展，强调的是注重发展的质量和效益。党的十八届五中全会首次提出并全面阐释了新发展理念，即创新、协调、绿色、开放、共享，党的十九大把坚持新发展理念确立为新时代坚持和发展中国特色社会主义的基本方略之一。"十四五"时期推动高质量发展，要求把新发展理念一以贯之地贯彻到全面建设社会主义现代化国家的全过程和各领域。二是坚持以深化供给侧结构性改革为主线。制约我国高质量发展的因素主要是供给侧、结构性的。推动高质量发展，必须深化供给侧结构性改革，用改革创新的办法推进结构调整，减少无效和低端供给，扩大有效和中高端供给，增强供给结构对需求变化的适应性和灵活性，提高全要素生产率。以推动高质量发展为主题，明确了经济社会发展的"靶心"，瞄准"靶心"才能走对路子；以深化供给侧结构性改革为主线，明确了经济社会发展的"纲"，"纲举"才能"目张"。三是扎实推进共同富裕。习近平总书记指出，共同富裕是中国特色社会主义的根本原则，实现共同富裕是我们党的重要使命；我们推动经济社会发展归根结底是要实现全体人民共同富裕。改革开放以来，随着经济持续快速发展，全国人民生活水平普遍都有很大的提高，但由于多种原因，城乡区域发展和居民收入分配差距依然较大。党的十八大以来，以习近平同志为核心的党中央在促进区域协调发展、完善收入分配制度等方面采取一系列重大举措，城乡区域发展的协调性平衡性增强，中西部地区经济增长速度快于东部地区，农民收入增长快于城镇居民，城乡居民人均可支配收入比值由 2012 年的 2.88∶1 降至 2020 年 2.56∶1。促进全体人民共同富裕是一项长期任务，但随着我国全面建成小康社会、开启全面建设社会主义现代化国家新征程，我们必须把促进全体人民共同富裕摆在更加重要的位置，脚踏实地，久久为功。我们要在高质量发展中推动共同富裕取得更为明显的实质性进展，既要把蛋糕做大，更要把蛋糕分好，使发展成果更好惠及全体人民。

　　针对推动高质量发展过程中存在的一些认识和实践

上的问题，习近平总书记2021年3月7日在十三届全国人大四次会议青海代表团会议上，又就高质量发展作出最新论述，提出三条明确要求：高质量发展不只是一个经济要求，而是对经济社会发展方方面面的总要求；不是只对经济发达地区的要求，而是所有地区发展都必须贯彻的要求；不是一时一事的要求，而是必须长期坚持的要求。习近平总书记的这些要求，为推动高质量发展进一步指明了方向。

三、怎样推动高质量发展

党中央强调，要立足新发展阶段、贯彻新发展理念、构建新发展格局，这就明确了推动高质量发展的基点、理念、路径和重点。

（一）依靠创新全面塑造发展新优势

创新是引领发展的第一动力。在新中国成立以来特别是改革开放以来科技事业取得长足进步的基础上，党的十八大以来，在以习近平同志为核心的党中央坚强领导下，我国科技事业发展取得历史性成就，重大创新成果竞相涌现，一些前沿领域开始进入并跑、领跑阶段，有力促进了经济社会持续健康发展。2020年世界知识产权组织发布的全球创新指数显示，我国排名从2015年的第29位跃升到第14位，是前30位中唯一的中等收入经济体。同时，我国科技创新总体水平与世界发达国家还有差距，一些关键核心技术受制于人的问题日益突出，创新能力不适应高质量发展和安全发展的要求。当前我国科技实力正处于从量的积累向质的飞跃、点的突破向系统能力提升的重要时期，经济社会发展和民生改善比过去任何时候都更加需要科学技术提供解决方案，都更加需要增强创新这个第一动力。我们必须坚持创新在我国现代化建设全局中的核心地位，把科技自立自强作为国家发展的战略支撑，面向世界科技前沿、面向经济主战场、面向国家重大需求、面向人民生命健康，深入实施创新驱动发展战略，完善国家创新体系，加快建设科技强国。

实现科技自立自强，要坚定不移走中国特色自主创新道路。过去，我们可以充分发挥后发优势、主要依靠引进消化吸收再创新。我们发展到现在这个阶段，别人把我们视为"战略对手"，关键核心技术是要不来、买不来、讨不来的，即使卖给你，也可能漫天要价，随时会断供。作为大国，科技如果不能自立自强，永远不会成为强国。

走中国特色自主创新道路，必须充分发挥新型举国体制的优势。过去我国在极端困难的条件下依靠举国体制，搞出来"两弹一星"，为我国成为一个有世界影响的大国奠定了重要基础。现在我们要继续发扬"两弹一星"

精神，敢于攻坚克难。同时，时代发展了，在新的历史条件下新型举国体制不是简单复制过去、回到过去，而是要充分发挥社会主义集中力量办大事的优势，充分发挥市场机制作用，打好关键核心技术攻坚战。

第一，要强化国家战略科技力量，整合优化科技资源配置、提高创新效率。在较短时间内要想掌握核心技术，必须强化国家战略科技力量。我国有 3200 多所研发机构、近 3000 所普通高校、500 多个国家重点实验室，还有数量众多的科技型企业，主要问题是长期以来这些机构之间科技人才、科研设施等存在着布局分散、自我封闭的"孤岛"现象，往往各自为战，研究项目交叉、低水平重复，科技成果与产业脱节，丰富的创新资源没有充分发挥应有作用。党中央提出强化国家战略科技力量，就是要通过组建国家实验室、国家重点实验室、国家技术创新中心等，打造交流合作平台，推动各类创新资源的统筹、整合、开放、共享、协同，形成推动关键核心技术攻关的合力。抗疫期间的科研攻关，就是集中国家战略科技力量打硬仗、打大仗、打胜仗的一个生动实践，既发挥了"双一流"高校、中央科研单位、国有企业等"国家队"作用，又吸引科技型民营企业广泛参与。7 天内分离出新冠病毒毒株，14 天完成核酸检测试剂研发和审批上市，多款疫苗及时附条件上市。试想一下，如果我们没能第一时间发明检测试剂、在疫苗研发中进入世界"第一方阵"，将会是多么被动的局面！

第二，要发挥企业的创新主体作用，推动产学研深度融合。科研和经济"两张皮"、科技成果转化率低是我国科技体制的痼疾，科技创新很大一部分还是停留在实验室里的研究，没有转化为推动经济社会发展的现实动力。解决这一问题，一个重要方面是支持企业进一步重视研发、加大研发投入。与发达国家和国际领军企业相比，我国企业研发投入强度（研发投入占营业额的比重）偏低，创新能力总体不强。欧盟联合研究中心近期发布报告称，中国企业研发投入强度为3.3%，远低于美国的7.1%，也低于欧盟的3.9%和日本的3.6%。欧盟委员会发布的《2020全球企业研发投入排行榜》显示，2020年研发投入前50名企业，美国有21家，中国仅有3家。企业研发投入占全国总研发投入的75%左右，由于企业研发投入增速低，导致国家"十一五""十二五""十三五"规划《纲要》设置的研发经费投入强度预期指标均未实现。我国研发投入规模居世界第二，但研发投入强度低于主要发达国家。2019年，我国研发投入强度约为2.2%，日本为3.28%，美国为2.84%，德国为2.99%。

激励企业加大研发投入，最公平、最有效的办法是采取普惠性支持政策。近年来，国家将企业研发费用加计扣除比例逐步提高到75%，2021年又将制造业企业研发费用加计扣除比例提高至100%，预计可在2020年减税 3600 多亿元基础上，再为企业新增减税 800 亿元。国有企业特别是央企的创新资源丰富，要完善考核评价机制，强化创新能力考核，增加研发投入及科技成果产出和转化在国企负责人业绩考核中的权重，加大创新激励力度。

第三，要加强基础研究，夯实科技创新的根基。基础研究是科技创新的源头和先导。我国基础研究虽然取得显著进步，但同国际先进水平的差距还是明显的。我国面临的很多"卡脖子"技术问题，根子是基础研究跟不上，源头和底层的问题没有搞清楚。按照党中央要求，有关方面正抓紧制定实施基础研究十年行动方案，明确我国基础研究领域发展方向和目标，重点布局一批基础学科研究中心。目前我国基础研究投入占研发投入的比重刚超过 6%，而发达国家通常在 15%—25%。要加快健全基础研究稳定支持机制，拓宽基础研究经费渠道，推动基础研究经费投入占研发经费投入比重提高到 8% 以上。基础研究具有长期性和不确定性。对基础研究，无论是热门的还是冷门的，都要保证充足的经费投入、先进的科研条件，使科研人员能够心无旁骛进行研究。目前，对高校和科研院所的经费支持方式还是以竞争性经费为主，科研人员报项目、争经费不仅要花费大量时间，而且容易引导他们做"短平快"研究。近 20 年来，日本有 19 个诺贝尔奖获得者，一个重要原因在于其对科研人员稳定性研究经费的保障，国立大学中有 21% 的研究人员经费全部来自于稳定经费，私立大学中这一比例更是高达 40%。我们要完善符合基础研究规律的投入机制，加大长期稳定支持力度。科技创新需要积累，不能简单设定两年、三年的硬指标，这跟抓经济工作特别是工程建设项目不一样。硬要定时间指标，研发出的成果要么不真实、要么不管用。基础研究是个"慢变量"，要保持定力和耐心，不能急于求成。要建立健全符合科学规律的评价体系和激励机制，对自由探索、长期探索的基础研究实行长周期评价机制，创造有利于基础研究的良好科研生态，让科研人员以"十年磨一剑"的精神自由探索、厚积薄发，努力有更多科学发现和发明创造。

第四，要大力推进科技体制改革，为科研人员减负松绑。科技创新的核心是人，科技体制改革就是要充分调动科研人员积极性。我国拥有世界上最大规模的科技人才队伍，只要把他们的积极性调动起来，就能多出成果、出大成果。关于给科研人员减负松绑的问题，政策文件出了不少，但落实情况还不理想。现在科研人员普遍反映工作时间长，但每天的有效科研时间却并不多、甚至有的不足 4 小时，大量时间仍然被填表、报销等琐事占用。现在要抓好科技体制改革相关政策的落实，特别是赋予高校、科研机构更大自主权和赋予创新领军人才更大技术路线决策权和经费支配权两项政策。落实科技攻关"揭榜挂帅"等制度，在更多领域把需要攻克的重大项目张出榜来，谁有本事谁就揭榜。

评价机制是科技创新的重要"指挥棒"，要发挥好导向作用。很多科研人员反映，目前科技评奖过多过滥，"帽子满天飞"的问题仍然存在，容易滋生浮躁心态。有关方面统计，我国目前有各级各类上万个科技奖项，有的大学设立了20多个奖项，各类学会也纷纷设奖。因为奖项、"帽子"等都与资源挂钩，可以拿到项目、进而拿到经费。要改革科技评价机制，坚决破除"唯论文、唯职称、唯学历、唯奖项"，健全以创新能力、质量、实效、贡献为导向的科技人才评价体系，使科技奖项等回归激励创新的本质，让科研人员不为参评报奖所扰、不为"帽子"头衔所困，潜心于科学研究。

（二）加快发展现代产业体系

产业是经济发展的基础。我国产业体系完备、配套能力强，目前我国是全球唯一拥有联合国产业分类中全部工业门类的国家，但总体上产业大而不强、大而不优，处于全球产业链中低端，对全球资源的整合和控制能力不足，能够掌控产业链核心环节、主导产业链生态的企业不多，大量企业仍在拼成本、做配套，很多产品附加值不高，挣的是辛苦钱。比如，我国小轿车出口平均价格为进口小轿车的1/4，数控机床出口均价为进口数控机床的1/15。产业基础能力不强、产业链水平不高已经成为我国经济和产业高质量发展的突出软肋。《中共中央关于制定国民经济和社会发展第十四个五年规划和二〇三五远景目标的建议》（以下简称"十四五"规划《建议》）提出，坚持把发展经济着力点放在实体经济上，推进产业基础高级化、产业链现代化，推动产业向中高端迈进，提高经济质量效益和核心竞争力，增强发展后劲。

一是推动制造业优化升级。制造业是国民经济的骨干支撑，是技术进步和生产率提升最快的产业，国际竞争主要体现在制造能力和水平的竞争。2010年我国制造业增加值超过美国、成为世界第一制造大国。目前我国制造业增加值占世界的比重为30%左右，相当于美、德、日三国总和。一个时期以来，由于多种因素影响，我国制造业投资增速降低，制造业比重持续下降，从2006年32.5%的峰值降至2019年的27.2%。我国进入工业化中后期，制造业比重下降有其客观规律性，但存在的问题是，制造业比重下降幅度过快过早。与发达经济体相比，我国在制造业的就业份额和制造业的产值份额触顶回落时，人均收入水平较低。美国、日本、德国分别是在人均GDP达到2万美元时制造业比重下降，而我国2006年人均GDP仅为3000多美元。制造业比重的过早过快下降会带来很多问题，包括导致产业空心化、拖累整体生产率增速等。以习近平同志为核心的党中央高度重视制造业发展。2021 年 4 月 26 日，习近平总书记在广西柳工集团有限公司考察调研时强调，制造业高质量发展是我国经济高质量发展的重中之重，建设社会主义现代化强国、发展壮大实体经济，都离不开制造业，要在推动产业优化升级上继续下功夫。我们要按照习近平总书记的要求，落实和完善财税、技改等支持政策，扩大制造业中长期贷款、信用贷款规模，推动股权投资、债券融资等向制造业倾斜，加快改造提升传统产业，鼓励企业应用先进适用技术、加强设备更新和新产品规模化应用。推动互联网、大数据、人工智能等同制造业深度融合。加快发展先进制造业，开展先进制造业集群发展专项行动。完善和强化促进制造业高质量发展的政策体系。

二是促进战略性新兴产业持续健康发展。战略性新兴产业代表未来科技和产业发展方向。这些年，我国战略性新兴产业发展很快，成为国民经济中最有活力、最具增长潜力的部分。比如，新能源发电装机量、新能源汽车产销量、海洋工程装备接单量等均位居全球第一，在新一代移动通信、核电、高铁、互联网应用、基因测序等领域均具备世界领先的研发水平和应用能力。同时，战略性新兴产业也出现了低水平重复建设问题。比如在集成电路、新能源汽车等领域，各地一涌而起、一哄而上，出现了一批"烂尾"项目。有的地方政府甚至直接投入资本金，造成国有资产损失。据有关机构统计，超过20个地方政府规划布局打造锂离子电池产业集群，部分达到百亿级甚至千亿级规模。从国家战略全局出发，我们要继续发展壮大战略性新兴产业，加快谋划布局新一代信息技术、生物技术、新能源、新材料等产业。在这个过程中要尊重市场规律、产业发展规律，加强规划引导，防止一哄而上和低水平重复建设。

（三）全面实施乡村振兴战略

农为邦本，本固邦宁。党的十八大以来，农业农村发展取得历史性成就，新时代脱贫攻坚目标任务如期完成，农村同步实现全面建成小康社会目标。习近平总书记指出，从中华民族伟大复兴战略全局看，民族要复兴，乡村必振兴；脱贫攻坚取得胜利后，要全面推进乡村振兴，这是"三农"工作重心的历史性转移。要坚持把解决好"三农"问题作为全党工作重中之重，走中国特色社会主义乡村振兴道路，全面实施乡村振兴战略，加快农业农村现代化。

第一，着力保障国家粮食安全和重要农产品供给。解决好十几亿人口的吃饭问题，始终是头等大事。习近平总书记高度重视粮食安全，反复强调要确保中国人的饭碗任何时候都要牢牢端在自己手上，饭碗应该主要装中国粮。我国粮食产量连续6年保持在1.3万亿斤以上，重要农产品供给总体充裕。同时也要看到，保障粮食安全的风险挑战在增加。我国人均耕地 1.4 亩、不到世界平均水平的一半且不断在减少，人均水资源不到世界平均水平的四分之一，干旱洪涝等气象灾害频发，动植物疫病多发。粮食产需结余省从 2005 年的 14 个降到 2019 年的 10 个，能够成规模调出的只有 8 个省份。部分品种产需缺口较大，主要依赖进口。目前，我国油料总体自给率为 31%，大豆进口 2020 年首超 1 亿吨、自给率仅 16%，玉米产需缺口逐步扩大。历史经验表明，受多种因素影响，农业生产掉下去容易、提上来难。在粮食和重要农产品供给方面，不能光算经济账、不算政治账，光算眼前账、不算长远账，否则就要出大问题。2020 年中央农村工作会议上，习近平总书记明确提出，粮食安全要实行党政同责，"米袋子"省长要负责，书记也要负责。这就进一步强化了地方党委、政府维护国家粮食安全的责任。要落实最严格的耕地保护制度，坚决遏制耕地"非农化"、严格管控"非粮化"，始终守住 18 亿亩耕地红线，确保永久基本农田面积稳定并重点用于粮食生产特别是口粮生产。农以种为先。目前我国种子大量进口，部分蔬菜种子、种畜禽主要依赖进口，要打好种业翻身仗，努力实现核心种源自主可控。要加快推进农业关键核心技术攻关，补上烘干仓储、冷链保鲜、农业机械等现代农业物质装备短板。我们必须始终立足自身抓好农业生产，以国内稳产保供的确定性来应对外部环境的不确定性。

第二，推动乡村振兴战略落地见效。今后一个时期，是我国乡村形态快速演变的阶段，建设什么样的乡村、怎样建设乡村，是摆在我们面前的重要课题。实施好乡村建设行动，要注重把握三点。一是科学规划，充分考虑农村人口变动因素，遵循乡村发展建设规律，合理确定村庄布局分类，突出乡村特色、风貌，保护传统文化，不能把乡村搞成缩小版的城市。二是继续把公共基础设施建设的重点放在农村，在推进城乡基本公共服务均等化上持续发力。三是尊重群众意愿，发挥农民主体作用。一些地方在乡村建设、农村人居环境整治中不从实际出发，不顾农民意愿，搞官僚主义、形式主义，把民生工程建成"失心工程"，必须予以纠正。要坚持因地制宜推进乡村建设，真正为农民而建，把好事办好、把实事办实。

第三，巩固拓展脱贫攻坚成果。脱贫摘帽不是终点，而是新生活、新奋斗的起点。我们要看到，守住脱贫攻坚成果并不断拓展的任务还很艰巨。脱贫群众总体上收入水平不高，2020年建档立卡户人均年收入1万元，仅是农民平均收入的60%。脱贫地区新发展的产业还不稳固，县级财政支出80%以上靠上级转移支付。要做好巩固拓展脱贫攻坚成果同乡村振兴有效衔接，健全防止返贫动态监测和帮扶机制，对易返贫致贫人口及时发现、及时帮扶，坚决守住不发生规模性返贫底线。要落实后续帮扶机制，在政策上、资金上、机制上等继续给予脱贫地区和脱贫人口以支持，坚持和完善东西部协作和对口支援机制，发挥中央单位和社会力量帮扶作用，支持脱贫地区增强内生发展能力。

（四）推进区域协调发展和新型城镇化

改革开放以来特别是党的十八大以来，区域协调发展取得显著成效，中部、西部地区生产总值占全国比重分别由 2012 年的 20.2%、19.8% 上升到 2020 年的 22%、21.1%，与东部地区的发展差距不断缩小。同时出现了一个新问题，就是南北分化渐趋明显。这从大城市的数量变化中可见一斑。按经济总量排名，1978 年全国前十大城市中南方有 4 个（包括上海、重庆、广州、武汉）、北方有 6 个（包括北京、天津、长春、哈尔滨、沈阳、大连），2020 年前十大城市中南方有 9 个（包括上海、深圳、广州、重庆、苏州、成都、杭州、武汉、南京）、北方有 1 个（即北京）。要深入实施区域协调发展战略，推进西部大开发、东北全面振兴、中部地区崛起、东部率先发展，支持特殊类型地区加快发展。深入实施区域重大战略，推进京津冀协同发展、长江经济带高质量发展、粤港澳大湾区建设、长三角一体化发展、黄河流域生态保护和高质量发展等。对此，党中央、国务院制定了发展规划和政策措施，关键是要落地落细落实，同时还要根据新情况新问题，研究一些有针对性的举措。

城镇化是经济社会发展的必然趋势，也是现代化的必由之路。改革开放以来，我国城镇化快速发展。党的十八大以来，我们党提出以人为核心的新型城镇化，城镇化率和质量稳步提高。根据第七次全国人口普查数据，2020 年常住人口城镇化率为 63.89%，比 2010 年第六次人口普查时提高 14.21 个百分点，平均每年提高 1.42 个百分点。《中华人民共和国国民经济和社会发展第十四个五年规划和 2035 年远景目标纲要》（以下简称《纲要》）制定的目标是常住人口城镇化率提高到 65%，现在看实现这一目标是完全有把握的。

随着我国人口城镇化率超过 60%，新型城镇化已开启下半程，从快速发展阶段转向高质量发展阶段，既要走得快更要走得好。一方面我们要继续提升城镇化率。这方面还有很大的发展空间，发达国家城镇化率都在 80% 以上。另一方面要着力在提升新型城镇化质量上下功夫。一是推动户籍人口城镇化和常住人口基本公共服务均等化。2020 年我国常住人口城镇化率 63.89%、达到 9 亿人，但户籍人口城镇化率只有 45.4% 左右、6.4 亿人，二者相差 18.49 个百分点、2.6 亿人，一些常住人口尚未完全享受城镇基本公共服务。要深化户籍制度改革，使更多农业转移人口在城市安家落户，推动城镇基本公共服务覆盖未落户常住人口，促进公共服务均等化，提供更多住房、教育、医疗、养老等公共服务，让农业转移人口进得来、落得下、过得好。二是发挥中心城市和城市群带动作用，建设现代化都市圈。根据国际经验，随着人口城镇化率超过60%，城镇化发展格局会发生变化，将由一次城镇化为主转向二次城镇化。所谓一次城镇化，主要是人口由农村向城镇的流动，二次城镇化是城市之间的流动，由中小城市向中心城市、大城市集聚。对我国来说，一次城镇化的进程仍将继续，二次城镇化的进程正在加快，人口由中小城市向中心城市、大城市集聚。近年来，常住人口占比32%的千万人口级大都市圈对全国人口增量的贡献率超过50%。三是推进以县城为重要载体的城镇化建设。县城是联结城乡的重要节点。现在越来越多的农民选择到县城就业安家、安排子女上学。健全城乡融合发展体制机制，缩小城乡发展差距，推动农业农村现代化，县城发挥重要作用。要赋予县级更多资源整合使用的自主权，大力提升县城公共设施和服务能力，扩大容量、增强功能。四是加强房地产调控。目前我国住房总量总体上已经不低了，2019年城镇人均住房建筑面积达到39.8平方米。我国城镇化进程中，一个突出问题是房价上涨。这些年，国家采取了多轮调控措施，收到一定成效。但从2020年下半年以来，房价又出现新一轮上涨。房价大幅上涨带来多方面严重后果。包括影响居民生活水平，导致制造业、劳动密集型行业发展过早受阻，收入分配结构恶化等。如果不得到有效控制，将迟滞城镇化乃至整个现代化进程。必须加强调控、保持房地产市场持续健康发展，决不能把房地产作为刺激经济增长、增加地方财政收入的手段，否则必将是饮鸩止渴、后患无穷。根本是要深入贯彻习近平总书记关于"坚持房子是用来住的、不是用来炒的"重要指示精神，全面落实因城施策，稳地价、稳房价、稳预期，健全长效机制，完善住房市场体系和住房保障体系。其中一条重要措施是稳妥推进房地产税。这是发达国家的经验，是房地产市场的基础制度，是抑制房地产投资投机的治本之策，也对健全以直接税、财产税为主体的直接税体系具有重要意义。这件事关系重大。应在试点的基础上稳妥推进，以房地产税带动长效机制建设。

新型城镇化既可带动居民增加消费，又可拉动有效投资，是最大内需潜力所在，也是扩大投资和消费的结合点。据估算，每增加1个城镇人口，就能拉动投资约4.5万元、消费支出近2万元，按每年进城1400万人计算，未来五年有几万亿元投资消费需求。"十四五"规划《建议》要求，推进城市更新工程。我国现有城镇老旧小区30多万个，涉及居民7300万户，按每户改造投入5万元估算，直接投资将超过3.6万亿元。2021年新开工改造城镇老旧小区 5.3 万个，"十四五"期间，要完成 2000 年底前建成的 22 万个老旧小区改造，基本完成大城市老旧小区改造，还要改造一批大型老旧街区，需要直接投资达几万亿元。

（五）加快推动绿色低碳发展

生态环境问题本质上是发展方式、经济结构和消费模式问题。推动高质量发展，必须加强生态环境治理。我们要按照习近平总书记的要求和党中央决策部署，坚持绿水青山就是金山银山理念，促进经济社会发展全面绿色转型，建设人与自然和谐共生的现代化。这里主要谈一下碳达峰碳中和问题。

气候变化是人类面临的全球性问题，随着各国二氧化碳排放，温室气体猛增，对生命系统形成威胁。在这一背景下，各国以全球协约方式减排温室气体，提出碳排放目标。碳达峰，就是二氧化碳的排放不再增长，达到峰值后逐步下降。碳中和，就是一国在一定时间内，直接或间接产生的温室气体排放总量，通过植树造林、节能减排等形式，抵消自身产生的二氧化碳排放量，实现二氧化碳"零排放"。

2020 年 9 月，习近平总书记向全世界作出庄严承诺，我国力争于 2030 年前二氧化碳排放达到峰值，努力争取 2060 年前实现碳中和。2020 年 12 月，习近平总书记进一步宣布我国提高国家自主贡献力度的新举措。一个时期以来，习近平总书记就推进碳达峰碳中和问题发表一系列重要讲话，对有关工作作出重要部署。对此，我们要认真学习领会。

第一，应对气候变化是我国推动高质量发展的内在要求，这不是别人要我们做，而是我们自己要做。推进碳达峰碳中和，有利于加快形成绿色生产生活方式，有利于改善环境质量，提升生态系统服务功能，也能够培育形成新的经济增长点，推动实现高质量发展。同时，我国提高国家自主贡献力度，也是基于推动构建人类命运共同体的责任担当，是负责任大国应尽的国际义务。我国是全球气候治理的坚定践行者，积极参与和引领应对气候变化国际合作，推动达成气候变化《巴黎协定》，全面履行《联合国气候变化框架公约》，设立气候变化南南合作基金，与各国携手共建一个清洁美丽的世界。

第二，实现碳达峰碳中和目标，对于我们来说挑战巨大，需要付出长期艰苦努力。多年来，特别是党的十八大以来，我们坚持绿色发展理念，持续推进节能减排、改善环境质量，提升生态系统质量和稳定性。我国可再生能源领域的投资、装机和发电量连续多年稳居全球第一，新能源汽车保有量占全球一半以上。2020年与2005年相比，单位GDP能源消耗累计下降达42%，减少二氧化碳排放约49亿吨。我们已经提前实现了2020年碳排放强度比2005年下降40%—45%的承诺。取得的成绩是显著的，但实现碳达峰碳中和目标，我们面临的挑战也是巨大的。一方面，我们面临着能源刚性需求的压力。我国作为世界上最大的发展中国家，正处于新型工业化、信息化、城镇化、农业现代化深入发展阶段，能源消费需求还会继续攀升。这是实现碳达峰碳中和目标的巨大挑战。另一方面，我们面临着能源结构和产业结构调整的压力。我国能源禀赋的特点是煤多、油少、气缺。目前煤在一次能源消费中的比重为57%。今后我国煤的消费占比会逐步下降，但短期内改变以煤为主的能源结构难度很大。这些年，我国石油、天然气消费量不断增长，对外依存度持续提高。近年来，我国大力推进煤电清洁化发展，但是煤电的高碳排放特征并没有改变。2020年全国新增煤电装机4000万千瓦，累计装机容量达10.8亿千瓦，同比增长3.8%。我国要继续发展水电、风电、光电等可再生能源，但高比例可再生能源接入，影响电力系统抗干扰能力。国内外因此发生连锁故障、大面积停电的例子很多。由于消纳能力原因，近几年新能源存在"边建边弃"、"窝电"与"弃电"并存现象。同时，我国产业结构的绿色低碳调整也需要一个相当长的过程。

第三，要统筹发展与减排，确保能源安全，脚踏实地实现碳达峰碳中和目标。实现碳达峰碳中和是一场广泛而深刻的经济社会系统性变革，要坚定不移推进，但不可能毕其功于一役。近来在实际工作中出现一些问题，有的搞"碳冲锋"，有的搞"一刀切"、运动式"减碳"，甚至出现"拉闸限电"现象，这都是违背经济规律的。要坚持全国统筹、节约优先、双轮驱动、内外畅通、防范风险的原则，坚持先立后破、通盘考虑，保障能源供应，有序推进能源低碳转型。要重点做好以下几项工作。一要构建清洁低碳安全高效的现代能源体系。继续在加强煤炭清洁高效利用上想办法、找出路，这既利于保障能源安全，也利于减少污染排放。要科学规划煤炭开发布局，加快输煤输电大通道建设，提高煤炭集中利用水平。在保障电力稳定供应、满足电力需求的前提下推进现有煤电机组节煤减排改造，新建项目要严格执行煤耗等最新技术标准。控制化石能源总量，着力提高利用效能，实施可再生能源替代行动，深化电力体制改革，逐步构建新型电力系统。传统能源逐步退出要建立在新能源安全可靠的替代基础上。二要实施重点行业领域减污降碳行动。工业领域要推进绿色制造，建筑领域要提升节能标准，交通领域要加快形成绿色低碳运输方式。三要推动绿色低碳技术实现重大突破。抓紧部署低碳前沿技术研究，加快推广应用减污降碳技术，建立完善绿色低碳技术评估、交易体系和科技创新服务平台。四要完善绿色低碳政策和市场体系。要科学考核，新增可再生能源和原料用能不纳入能源消费总量控制，创造条件尽早实现能耗"双控"向碳排放总量和强度"双控"转变，加快形成减污降碳的激励约束机制，防止简单层层分解。要完善有利于绿色低碳发展的财税、价格、金融、土地、政府采购等政策，加快推进碳排放权交易，积极发展绿色金融。五要倡导绿色低碳生活。深入开展绿色生活创建行动，倡导绿色低碳的消费模式和生活方式。建立统一的绿色产品标准、认证、标识体系，完善节能家电、高效照明产品、节水器具推广机制，鼓励绿色出行，倡导绿色低碳生活新时尚。六要提升生态系统碳汇能力。强化国土空间规划和用途管控，有效发挥森林、草原、湿地、海洋、土壤、冻土的固碳作用，提升生态系统碳汇增量。

（六）推进全面深化改革和高水平开放

改革开放是决定当代中国前途命运的关键一招。只有坚定不移推进改革，坚定不移扩大开放，破除制约高质量发展、高品质生活的体制机制障碍，强化有利于提高资源配置效率、有利于调动全社会积极性的重大改革开放举措，才能持续增强发展动力和活力。

新时期深化改革，要坚持和完善社会主义基本经济制度，充分发挥市场在资源配置中的决定性作用，更好发挥政府作用，推动有效市场和有为政府更好结合。重点是激发各类市场主体活力，完善宏观经济治理，建立现代财税金融体制，建设高标准市场体系，加快转变政府职能。要加快营造市场化、法治化、国际化营商环境。这些年，通过持续推进改革，我国营商环境明显改善，在全球的营商环境排名上升较快。但要看到，与市场主体期待相比，与国际先进水平相比，我国营商环境仍有较大的差距。要进一步破除市场准入障碍，完善市场准入负面清单制度，各类审批和备案管理措施都要纳入清单，必要的生产经营许可审批要进一步简化，实行动态调整，及时向社会公布。要坚持放管结合、并重推进，把有效监管作为简政放权的必要保障，加强对取消或下放审批事项的事中事后监管，提升监管能力。

习近平总书记指出，过去 40 多年中国经济发展是在开放条件下取得的，未来中国经济实现高质量发展也必须在更加开放的条件下进行。高质量发展是体现新发展理念的发展，因而也必须是开放的发展。我国经济已经深度融入世界，要在扩大开放中构建新发展格局，必须更好利用国际国内两个市场、两种资源，加快培育国际经济合作和竞争新优势。综合来看，我国开放水平高于一般发展中国家，但低于发达国家。在当前经济全球化遭遇挫折、保护主义抬头的情况下，我们要坚定不移推进开放，更好利用两个市场、两种资源，这是我们自身发展的需要。要坚持实施更大范围、更宽领域、更深层次对外开放，进一步放宽市场准入，落实好准入后国民待遇。要高质量共建"一带一路"，有序推进重大项目建设，提升对外投资合作质量效益，防范化解对外债权风险。我国已经加入区域全面经济伙伴关系协定（RCEP）等高水平自贸协定，要加强与国际通行经贸规则对接，推动完善国内相关法律法规、监管规则、质量标准等规范，对内外资企业一视同仁、公平对待，让我国始终成为外商青睐的投资热土和贸易伙伴。

（七）改善人民生活品质

推动高质量发展的根本目的是为了更好增进民生福祉，民生不断改善、生活品质逐步提升也有利于高质量发展。要坚持把实现好、维护好、发展好最广大人民根本利益作为发展的出发点和落脚点，尽力而为、量力而行，健全基本公共服务体系，完善共建共治共享的社会治理制度，扎实推动共同富裕。需要指出的是，我国还是发展中国家，不能搞超越发展阶段的"福利主义"，要在推动高质量发展基础上，不断改善民生。从政府来说主要是保障基本民生，同时要充分调动社会力量积极性，多渠道增加公共服务供给，更好满足人民群众多层次多样化需求，不断增强人民群众获得感、幸福感、安全感，促进人的全面发展和社会全面进步。

第一，要逐步提高人民收入水平。要坚持居民收入增长和经济增长基本同步、劳动报酬提高和劳动生产率提高基本同步，优化收入分配结构。"十四五"规划《建议》和《纲要》对此进行了系统部署。一是拓展居民收入增长渠道。要坚持按劳分配为主体、多种分配方式并存，提高劳动报酬在初次分配中的比重。根据计算，2018 年我国劳动报酬在初次分配总收入中的占比为52%。发达国家这一比重一般在 60% 左右或更高。工资是劳动报酬的主体，要完善工资制度，健全工资决定、合理增长和支付保障机制。完善按要素分配政策制度，健全各类生产要素由市场决定报酬的机制，探索通过土地、资本等要素使用权、收益权增加中低收入群体要素收入。完善国有企业市场化薪酬分配机制。改革完善体现岗位绩效和分级分类管理的事业单位薪酬制度。二是扩大中等收入群体。我国中等收入的标准是家庭年可支配收入 10 万—50 万元。中等收入群体生活比较宽裕，消费意愿和消费能力较强，是形成强大国内市场的重要支撑。要完善相关机制，使越来越多的低收入人员上升到中等收入群体里，逐步形成两头小、中间大的橄榄型分配结构。三是完善再分配机制。加大税收、社会保障、转移支付等调节力度和精准性，合理调节过高收入，取缔非法收入。完善兜底保障标准动态调整机制。

第二，要实施就业优先战略。就业是最大的民生。从第七次全国人口普查数据看，虽然 2010 年至 2020 年我国 16 至 59 岁劳动年龄人口减少 4000 多万人，但总规模仍然较大，有 8.8 亿人。当前和今后一个时期，我国就业的总量压力和结构矛盾并存。在总量方面，"十四五"

时期，每年需在城镇就业的新成长劳动力约 1400 万人、其中高校毕业生 900 万人以上，每年还有几百万农村劳动力需要转移就业，就业压力很大。在结构方面，主要表现为劳动力需求和供给不匹配，招工难和就业难并存，技能劳动者特别是高技能人才短缺，有关方面估计仅制造业缺口就超过 2000 万人。要坚持经济发展的就业导向，强化就业优先政策，扩大就业容量，提升就业质量，更加注重缓解结构性就业矛盾，努力实现更加充分更高质量就业。完善高校毕业生、农民工、退役军人等重点群体就业支持体系，帮扶残疾人、零就业家庭成员等困难人员就业。完善与就业容量挂钩的产业政策，支持吸纳就业能力强的服务业、中小微企业和劳动密集型企业发展。注重发展技能密集型产业，支持和规范发展新就业形态，建立促进创业带动就业、多渠道灵活就业机制。健全终身技能培训制度，持续大规模开展职业技能培训，大力培养技术技能人才，全面提升劳动者就业创业能力。健全覆盖城乡的就业公共服务体系，为劳动者和企业免费提供政策咨询、职业介绍、用工指导等服务。

第三，要建设高质量教育体系。教育事关国家发展、民族振兴和社会进步。要全面贯彻党的教育方针，构建高质量教育体系，培养德智体美劳全面发展的社会主义建设者和接班人。一是推进基本公共教育均等化。义务教育在国民教育体系中具有基础性地位，当前城乡、区域、校际差距还比较大。要大力推动义务教育优质均衡发展和城乡一体化。顺应农民子女越来越多到城镇上学的趋势，加快城镇学校扩容增位。对乡村小规模学校和乡镇寄宿制学校，要改善条件。保障农业转移人口随迁子女平等享有基本公共教育服务。加快补齐农村办学条件短板，健全教师工资保障长效机制，改善乡村教师待遇。二是以适应高质量发展需要为导向，构建更加多元的高等教育体系。分类建设一流大学和一流学科，优化区域高等教育资源布局，加快培养理工农医类专业紧缺人才，加快优化学科专业结构。三是增强职业技术教育适应性。我国有近9亿劳动力资源，尽管技能人才总量已经超过2亿人，但高技能人才只有5000多万人。2019年起，国家实施了高职扩招"三年行动"，高职院校扩招300万人。要引导学生和家长像崇尚科学一样崇尚技能，让更多学生报考职业院校，拓展技能人才发展空间和职业上升通道。

第四，要健全多层次社会保障体系。社会保障是民生安全网、社会稳定器。我国养老、医疗、失业、社会救助等社会保障制度不断完善，但仍有不少短板。要坚持应保尽保原则，按照兜底线、织密网、建机制的要求，加快健全覆盖全民、统筹城乡、公平统一、可持续的多层次社会保障体系。要健全农民工、灵活就业人员、新业态就业人员参加社会保险制度，实现社会保险法定人群全覆盖。完善城镇职工基本养老金合理调整机制，逐步提高城乡居民基础养老金标准。目前我国基本养老保险基金累计结余 4.7 万亿元，全国社保基金管理的资产总额也超过 2.4 万亿元，总体上当期收支能够平衡、且略有结余。但部分地区养老保险基金收不抵支甚至用尽历年结余，不可持续问题比较突出。对部分基金收支缺口较大甚至已经"穿底"的省份，中央适当予以支持。社会保险统筹层次越高，互济性和抗风险能力就越强。国际上养老保险制度比较完善的国家，大部分实行全国统筹。过去我国企业职工基本养老保险制度统筹层次较低，随着城镇化加速推进、人口老龄化加快发展、人口向东部沿海发达地区加速流动，地区间基本养老保险基金收支不平衡、负担畸轻畸重的问题进一步凸显，对养老保险制度完善和可持续发展提出新的挑战，必须推动尽快实现全国统筹。2020 年我们实现了基本养老省级统筹，"十四五"实现基本养老保险全国统筹，失业保险、工伤保险省级统筹。推动全国统筹的一项重要举措是加大基金中央调剂力度。2018 年我国建立了企业职工基本养老保险基金中央调剂制度，截至 2020 年底，上解比例已提高到 4%，全年调剂金总规模约 7400 亿元，其中跨省调剂的基金达 1768 亿元。2021 年要继续提高中央调剂比例，加大调剂力度，提高中央调剂基金的使用效率，进一步加大对企业养老保险基金收支困难省份的支持力度。

第五，要全面推进健康中国建设。"十三五"时期，我国卫生健康事业取得新的巨大成就，人均预期寿命从2015年的76.3岁提高到2019年的77.3岁，主要健康指标居于中高收入国家前列。当前，我国面临着传统传染病和慢性疾病的双重威胁。除了新冠肺炎疫情外，每年报告的其他各类传染病超过1000万例；慢性疾病方面，全国心脑血管疾病超过2.6亿例，恶性肿瘤每年新发病例超过300万例，还有儿童肥胖、近视问题也非常突出。"十四五"时期要通过深化改革优化资源配置，突出关口前移、重心下移。一方面，要坚持预防为主，加大疾病预防控制体系改革力度，提高疾病预防处置能力。这也是维护健康最经济的手段。据世界卫生组织调查，预防上多投入1元钱，就可以减少治疗支出8.5元，并节约100元抢救费。要健全医疗救治、科技支撑、物资保障体系，提高应对突发公共卫生事件能力。另一方面，要改革医疗体系，提高医疗服务能力，推动更多医疗资源下沉，实现分级诊疗。当前，我国医疗资源配置不均衡，优质医疗资源大都集中在大城市、大医院，群众患大小病都到这些地方就诊，不仅导致看病难，还增加了额外非医疗支出，加剧了看病贵。通过分级诊疗，不仅方便群众，也可以显著降低医疗费用。要加快发展健康产业，促进产品、技术和服务创新与群众多样化需求更好对接。据世卫组织 2017 年发布的报告，全球抑郁症患者超过 3 亿人，平均发病率 4.4%。据国内有关医疗机构调查测算，我国抑郁症患者约有 9500 万人，其中女性占 65%；青少年抑郁症发病率明显上升，抑郁症检出率达 24.6%，其中重度抑郁的检出率为 7.4%。要加强精神卫生和心理健康工作，高度重视青少年的心理健康问题，争取早发现、早干预。要提升健康教育、慢病管理和残疾康复服务质量。深入开展爱国卫生运动，促进全民养成文明健康生活方式。完善全民健身公共服务体系。

第六，要促进人口长期均衡发展，提高人口素质。人口是影响经济社会发展的基础性、全局性、战略性问题。改革开放以来，人口红利被公认为经济快速发展的重要动力之一。从第七次全国人口普查数据看，近年来人口形势发生了重大变化，生育率快速下滑、人口老龄化进一步加深。如何应对好这些重大挑战，事关我国社会主义现代化建设全局。要制定实施人口长期发展战略，促进人口长期均衡发展，推动人口红利逐步向人才红利转变。

要积极应对生育率下滑问题。2020 年，我国新出生人口 1200 万，育龄妇女总和生育率（指一国家或地区的妇女在育龄期间，每名妇女平均生育子女数量）为 1.3，低于原来预期的 1.8 的水平，更低于 2.1 的正常人口更替水平。基于国外经验和我国人口的惯性来看，我国人口低速增长的态势将在未来一段时间内继续保持。人口增长与生育政策、人口年龄结构、人们的生育观念、生育成本、公共卫生和健康水平等诸多因素有关。应对生育率下滑问题要综合施策。一是优化生育政策。调整人口政策要有提前量，生育政策调整一般要 15—20 年才能对劳动力供给产生影响。"十四五"规划《建议》提出要增强生育政策包容性，提高优生优育服务水平。要推进一对夫妻可以生育三个子女政策及配套支持措施落实。二是降低生育、养育、教育成本。当前婴幼儿托育服务供需矛盾较为突出，学前三年毛入园率为 85.2%、普惠性幼儿园覆盖率 80.2%、0—3 岁婴幼儿入托率只有 4.1%，很多双职工家庭面临幼儿无人照看的难题。要大力发展普惠托育服务体系。健全支持婴幼儿照护服务和早期发展的政策体系，"十四五"时期每千人拥有 3 岁以下婴幼儿托位数从 1.8 个增加到 4.5 个。要严格落实城镇小区配套园政策，积极发展多种形式的婴幼儿照护服务机构，鼓励有条件的用人单位提供婴幼儿照护服务，支持企事业单位和社会组织等社会力量提供普惠托育服务，鼓励幼儿园发展托幼一体化服务。

要积极应对人口老龄化。国际上一般把 60 岁以上老年人口占比超过 10%，或者 65 岁以上老年人口占比超过 7%，作为进入老龄化社会的标准。1999 年底，我国正式步入老龄化社会，进入新千年后，老龄化程度进一步加深。目前我国是世界上人口老龄化程度比较高的国家之一，而且老龄化仍以较快速度发展。我国人口老龄化有几个明显的特征：一是老年人口规模庞大。60 岁以上老年人口超过 2.6 亿，占总人口的 18.7%，较 2010 年上升 5.44 个百分点，其中 65 岁及以上人口为 1.9 亿人，占13.5%。二是老年人口增长速度快。"十四五"时期，我国将从轻度老龄化进入中度老龄化，60 岁以上老年人口占总人口的比重将超过 20%、65 岁及以上人口占比将超过 14%。2035 年左右将进入重度老龄化，60 岁以上老年人口占总人口的比重将超过 30%、65 岁及以上人口占比将超过 21%。三是高龄化趋势越来越明显。从老年人口内部的年龄构成来看，80 岁及以上人口所占的比重持续增加。四是老龄化程度的区域差距明显。全国除了西藏地区以外，所有省份都步入了老龄社会，尤其是东北三省、四川、重庆以及长江中下游省份的老龄化程度更高。五是与发达国家相比，我国老龄化呈现出未富先老等特点。

人口老龄化是今后我国较长一段时期的基本国情，对我国发展带来重大挑战。这将减少劳动力的供给数量、降低消费倾向、增加家庭养老负担和基本公共服务供给压力，但同时应看到，如果应对得好，也可化危为机。一要积极开发老龄人力资源，发展银发经济。在 60 岁及以上人口中，60—69岁的"低龄"老年人口占55.8%，这些低龄老年人大多具有一定的知识、经验、技能优势，且身体状况尚可，发挥余热和作用的潜力较大。其中高考制度改革以后的前几届大学毕业生大都进入退休年龄，应当采取适当方式让他们发挥余热，继续创造价值。要引导企业提供适合老年人的产品和服务。二要健全基本养老服务体系。人人都会老，家家有老人。老年人有幸福的晚年，年轻人才有可期的未来。我国养老以居家和社区养老为主，这是国情和传统文化决定的。当前，养老难成为一个突出矛盾。要积极推动养老事业和养老产业协同发展，大力发展普惠型养老服务，支持家庭承担养老功能，构建居家社区机构相协调、医养康养相结合的养老服务体系，形成适合我国国情的养老模式。要支持家庭承担养老功能、发挥家庭养老基础作用，完善社区居家养老服务网络、推进公共设施适老化改造，加大对社区日间照料中心、托老所等配套设施建设投入，为老年人提供"家门口"的养老服务。有的地方以政府购买服务方式引入社会力量发展社区养老，政府免费提供场地和水电气，企业和社会组织为老人提供餐饮、休闲娱乐、健康监测、上门保洁等多种服务，这种模式值得推广。现在我国有4000多万失能半失能老人，按3:1的国际标准，大约需要1000多万养老护理员，但目前专业养老护理员不足50万人，缺口巨大。要大力加强养老护理人员队伍建设，完善从业人员工资、培训、社会保障等政策体系。在推进智能化过程中，要注意老年人的特点，提供更多适老产品和无障碍服务。三要加强健康养老。长寿而不健康，是老龄社会需要关注的重大问题。目前我国人均预期寿命已达77.3岁，但健康预期寿命不足69岁，也就是说老年人有8年时间是"带病生存"。现在，全国经常性卫生费用中，用于治疗的医疗费用约4万亿元，其中40%都用于老年人。"十四五"时期，要推动全社会树立大健康理念，从"以疾病治疗为中心"转向"以健康为中心"，优化对老年人服务，大幅增加老年医疗卫生和医养结合服务供给，让老年人更健康、更快乐、更幸福。

（八）防范化解重大风险

安全是发展的前提，发展是安全的保障。我国只要不发生重大风险，发展无非是快一点慢一点问题。当前和今后一个时期是我国各类矛盾和风险易发多发期，各种可以预见和难以预见的风险因素明显增多。必须高度重视防范和化解影响我国现代化进程的各种风险，筑牢国家安全屏障。要坚持统筹发展和安全，把安全发展贯穿国家发展各领域和全过程，加强国家安全体系和能力建设，确保国家经济安全，保障人民生命安全，维护社会稳定和安全。要树立底线思维，把困难估计得更充分一些，把风险思考得更深入一些，注重堵漏洞、强弱项，下好先手棋、打好主动仗，有效防范化解各类风险挑战，确保高质量发展得以在安全的环境中推进，同时以高质量发展为国家安全提供有力支撑。

四、如何保障实现高质量发展

推动高质量发展是一场涉及思维方式和价值观念、生产方式和生活方式等的深刻社会变革，必须综合施策，确保高质量发展不断取得成效。

一要坚持和加强党的全面领导。习近平总书记深刻指出："党是总揽全局、协调各方的"，"能不能保持经济社会持续健康发展，从根本上讲取决于党在经济社会发展中的领导核心作用发挥得好不好。"推动经济社会高质量发展，必须坚持和加强党的全面领导、加强党中央集中统一领导，坚持和完善党领导经济社会发展的体制机制，坚持和完善中国特色社会主义制度，不断提高贯彻新发展理念、构建新发展格局、推动高质量发展的能力和水平，以高质量党建推动高质量发展。

二要坚持把"两个维护"要求落实到推动高质量发展各方面全过程。回顾党的十八大以来走过的历程确实极不平凡，取得的成绩确实来之不易、成之惟艰。尤其在极不寻常的 2020 年，多个"灰犀牛"、"黑天鹅"事件接连出现。百年不遇的新冠肺炎疫情突如其来，严重洪涝灾害多地发生，外部环境风高浪急，世界经济深度衰退，政治、经济、文化、军事、社会、国际、自然等领域的挑战纷至沓来。应对这些挑战，每一场都是硬仗，如果应对不当都会带来严重后果。特别是疫情防控，我们在没有经验可以借鉴的情况下，果断采取最全面、最严格、最彻底的防控措施，在全球率先控制住了疫情。在习近平总书记的亲自指挥、亲自部署下，经过全国上下艰苦卓绝的努力，我们打赢了一场又一场硬仗，取得了一个又一个胜利。反观其他一些国家，仅应对新冠肺炎疫情这一个挑战，就手忙脚乱，疫情形势持续恶化，经济衰退、民生困顿、社会失序。如果像我们这样同时应对多个交织叠加的挑战，会是什么情况？答案是显而易见的。伟大成就的取得，关键在于党中央权威和集中统一领导，根本在于有习近平总书记这个党中央的核心、全党的核心举旗定向、掌舵领航。新时代伟大实践充分证明，习近平总书记是伟大时代产生的众望所归的伟大领袖和坚强核心，具有非凡政治智慧、高超领导能力、强大人格魅力、深厚人民情怀。"两个维护"是党的领导的最高政治原则和根本政治规矩，坚持党对经济社会发展的全面领导，首先必须做到"两个维护"，按习近平总书记的要求去做。发展仍然是我们党执政兴国的第一要务。推动高质量发展是重大政治任务。只要我们党的各级组织和领导干部不折不扣按照习近平总书记的要求和党中央决策部署去做，不断增强政治判断力、政治领悟力、政治执行力，善于从政治上领会把握党中央精神、从政治上贯彻落实党中央要求，始终胸怀"国之大者"抓落实，把"两个维护"落实到推动经济社会高质量发展的具体工作中、实际行动上，就一定能创造新的历史奇迹。

三要提高党员干部运用党的创新理论解决高质量发展实际问题的能力和水平。习近平新时代中国特色社会主义思想是当代中国马克思主义、21世纪马克思主义，是中华文化和中国精神的时代精华。党的十八大以来，我们党之所以能够领导人民铸就新时代的新辉煌，根本在于有习近平新时代中国特色社会主义思想的科学指引，在于这一重要思想的强大信仰伟力、真理伟力、实践伟力。立足新发展阶段、贯彻新发展理念、构建新发展格局、推动高质量发展，必须始终坚持用习近平新时代中国特色社会主义思想武装头脑、指导实践、推动工作，始终高举这一伟大思想旗帜。2021年开展的党史学习教育，聚焦学习感悟习近平新时代中国特色社会主义思想伟力这个首要，坚持学党史、悟思想、办实事、开新局，在"六个进一步"上下功夫，必将进一步提高全党学思用党的创新理论、解决实际问题的能力和水平。要通过加强学习培训、健全考核评价体系，推动各级领导干部发展观念转变和知识能力提升，成为贯彻新发展理念、构建新发展格局、推动高质量发展的行家里手。

四要发挥党的强大组织优势和高素质人才队伍建设的支撑保障作用。习近平总书记指出，我们党建立了包括党的中央组织、地方组织、基层组织在内的严密组织体系，这是世界上任何其他政党都不具有的强大优势。党的十八大以来，党中央突出加强了党的组织建设，党组织的政治功能和组织功能明显增强，有力促进了经济社会持续健康发展。推动高质量发展，更加需要把各方面力量"组织起来"、智慧"凝聚起来"。这就要求进一步严密组织体系，提高各层级各领域党组织建设的质量和水平，把党的组织优势巩固好、发展好、发挥好。毛主席讲过，政治路线确定之后，干部就是决定的因素。推动高质量发展，对于干部队伍和人才队伍的政治能力、战略眼光、专业水平、工作作风都提出了很高的要求。习近平总书记强调，要全方位培养、引进、用好人才，充分激发人才创新活力。要大力加强人才工作，完善人才工作体系，深化人才发展体制机制改革，健全科技人才评价体系，抓住有利时机引进更多国际一流人才，强化重点人才培养支持措施，为推动高质量发展提供强有力的人才支撑。

历史发展是有其内在大逻辑的。新中国成立以来，我们党领导人民战胜无数艰难险阻，创造了世所罕见的经济快速发展奇迹和社会长期稳定奇迹。2020年我们又夺取了抗疫斗争的重大战略成果，是全球唯一实现经济正增长的经济体，再次展现了中国共产党的伟大力量，展现了14亿多中国人民的伟大力量，展现了中国特色社会主义制度和国家治理体系的伟大力量。面对推动高质量发展这一新的重大任务，只要我们在以习近平同志为核心的党中央坚强领导下，以习近平新时代中国特色社会主义思想为指导，增强"四个意识"、坚定"四个自信"、做到"两个维护"，不忘初心、牢记使命，砥砺前行、不懈奋斗，就一定能不断夺取经济社会高质量发展的新成就，在新时代创造中华民族新的更大奇迹！

（作者系国务院研究室党组书记、主任）

一、有力有序推动复工复产

加快推动产业链上下协同复工达产

——推动复工复产专题调研报告之一

李钊　　张军立

企业普遍反映，受上下游产能不协同、供应链衔接不顺畅等影响，当前恢复正常生产经营面临困难。一方面，上游原辅料供应紧张，部分开工企业存在断供风险，不少停产企业待料复工。机械工业联合会调查显示，23%的企业因原材料供应不足导致无法开工。由于原燃材料得不到保障，建材行业许多停产企业复产、生产企业连续生产受到严重影响。钢铁工业协会反映，有的企业现有原辅料库存仅能够维持8天左右，石灰石库存只能维持1—2天。有色工业协会反映，有的企业燃煤告急，有的复工企业因为原料短缺而再次停产。另一方面，下游市场需求减弱，产成品无法正常出货，部分企业库存大幅增加、开工意愿不足。建材行业受工程推迟开工影响，整体库存普遍高企。纺织行业大型企业库存量达到20—30天的高位，是正常情况的3倍。氮肥行业部分重点企业产销下降，库存处于历史最高水平。一些乳品企业因为库存积压出现"倒奶"现象。有色冶炼等以硫酸为副产品的企业，因硫酸无法运出而胀库停产。

造成上述问题的原因主要有几个方面：

一是部分地区复工受到审批限制，不能按计划开工。很多地区实行复工申报审批制度，但具体要求和审批程序并不统一，有的非疫情严重地区设置标准过高、审批过严，导致大批企业特别是中小企业难以达到要求，形成产业链产能"堵点"。某市首批核准开工企业542家，仅占全部申请企业的1.8%；某市一个街道就有近7000家企业排队待审。有的地方层层加码，甚至要求企业和员工缴纳复产保证金，使早已紧绷的企业资金链雪上加霜。

二是物流运输受阻，原料进不来、产品出不去。尽管国务院有关部门已下发通知，要求做好公路交通保通保畅，但部分地区落实不到位，依然采取道路封堵、车辆劝返等管制措施，严重阻滞供应链正常运转。多家行业协会反映，目前汽车运输基本无法保证企业生产运行需要，大量企业因此压产减产。例如，东部某省多地对来自或途径疫情重点地区的人员、车辆一律从严劝返，导致部分物流分拣中心难以运转，影响华东四省一市物流供应。

三是员工返岗困难，企业难以完全恢复生产。受交通、隔离等疫情防控措施影响，多个行业人员按期返岗、生产联动存在较大困难，实际复工达产时间可能会进一步延迟。近七成纺织行业受访企业表示，工人无法到岗是当前企业面临的最突出问题。

四是防护用品短缺，很多企业"一罩难求"。目前口罩、体温测量仪、酒精等防护用品供给比较紧张，一般企业缺乏合适渠道，难以采购足量防护用品，达不到复工防疫标准，不得已延迟开工。小小的口罩，却卡住了很多企业的复工之路。

针对上述问题，建议围绕产业链上下游协同，统筹谋划安排企业复工达产有关工作。

一是分区分类统一复工标准，形成区域有效协同。建议有关部门根据各地疫情程度和企业类型规模，统一制定并公布复工要求，明确企业防控方案、员工健康管理、防控物资准备、安全生产保障等具体要求，防止各地各自为战、抬高标准，确保不同地区和产业链各环节企业同步开工复产。对于满足复工要求的，严格禁止以审批、备案等形式限制企业复工复产。

二是全面放开货运物流，形成供需有效协同。货物运输人员流动少，疫情传播风险低，只要做好司机防护与车辆统一消毒，不必采取过于严格的管控措施。建议除疫情严重地区和部分特殊货物外，全面取消对货运车辆、船舶的交通限制，保障物资自由流通，推动全产业链有序恢复生产。另外，研究降低高速公路通行费标准，进一步缓解企业物流成本压力。

三是保障企业防护用品供应，形成生产防护有效协同。各地政府要履行属地责任，主动服务，积极帮助企业对接供应渠道，建立防护用品集中采购、均衡供应等保障机制，优先保障已复工和准备复工企业日常防护基本需求，确保企业不因缺少防护用品而影响生产，增强企业复工信心、提高劳动者返工意愿。

四是加快缓解企业用工难，形成生产用工有效协同。按照分区分级防控要求，以县域为基本单元，加强劳务输入地、输出地精准对接，共享开复工信息，建立流动人员可追溯信息查询制度，在严格落实防控措施的前提下，组织开展"点对点"返岗务工一站式服务。引导企业采用灵活用工、共享员工等模式，解决阶段性用工失衡问题。

五是建立复工援企机制平台，形成政企有效协同。要多途径打通企业复工复产问题反映渠道，建立24小时值守热线，对于企业复工过程中遇到的用工需求、原料保障、交通物流、能源供应等方面的困难，安排专人专班及时协调解决、持续跟进服务，帮助企业尽快恢复生产经营。

加快重大工程项目复工进度
发挥对扩投资稳就业的综合带动作用

——推动复工复产专题调研报告之二

刘帅　　牛发亮

统筹好疫情防控和复工复产工作是个系统工程，需要找准突破口和切入点，确保复工复产有序加快推进。建议在做好疫情防控工作的同时，以加快推动重大工程项目复工为抓手，充分发挥对扩大有效投资、稳定和扩大就业、提振市场预期的多重效用。

一、加快重大工程项目复工具有扩投资稳就业的一举多得之效

重大工程项目施工主要在室外开放空间，空气流通较好，相比室内生产车间，人员密度低，而且容易分散安排工位，更有条件做好施工人员的防护工作。火神山医院、雷神山医院都是在疫情最为严重的武汉市施工建设，但疫情防控总体上没有出现大的

问题。同时，加快重大工程项目复工，还具有多重带动作用。

一是有利于扩大有效投资，应对经济下行压力。疫情使消费、投资、出口三大需求都明显受挫，尤其是批发零售、住宿餐饮、文化旅游等行业最为突出。据恒大研究院推测，今年餐饮行业零售额在春节 7 天假期内有 5000 亿元损失。中国社科院有专家认为，今年我国一季度经济增速至少回落 1 个百分点，花旗银行把我国今年经济增速预期从 5.8% 下调至 5.5%，有些机构预测甚至更低。有专家估算，基建投资增速提高 1 个百分点，能拉动名义经济增速 0.11 个百分点，并据此推测今年基建投资增速达到 12% 以上，才能完成全年经济增长 5.6% 左右的目标。相对消费、出口和产业投资来说，重大工程项目大多由政府主导，既能够快速启动复工、扩大有效投资、应对经济下行压力，同时具有较强的定向调节作用，更适用于应对疫情带来的短期冲击。

二是有利于带动农民工等重点群体就业，稳定就业大局。据有关估算，我国 2.8 亿多农民工中约 5000 万从事建筑业，约 9000 万从事制造业。目前企业停工停产使不少农民工无业可就。比如，西部某省春节前返乡农民工有 720 万人，但到 2 月中旬止只有 97 万返岗，占比不足 15%，比去年同期下降 80 个百分点。西部某劳动力大县反映，截至 2 月 26 日，全县外出务工农民工比去年下降 36%。有的农民工属于贫困边缘的临贫、易贫人群，几个月没有打工收入来源，将面临返贫问题，对打赢脱贫攻坚战带来很大挑战。重大工程项目就业门槛相对较低，大多为农民工群体，加快推动复工不仅有利于吸纳原先从事建筑业的农民工就业，也有利于从事制造业等其他行业的农民工转行就业，还有利于降低处于贫困边缘的农民工返贫风险。

三是有利于提振社会信心，稳定市场预期。疫情影响下，市场预期普遍低迷，各类市场主体和民众的信心较为脆弱。某财经大学教授认为，这次疫情除了对经济运行本身造成冲击外，同时也对市场主体的信心产生负面影响。重大工程项目社会关注度高，涉及资金规模、用工规模大。推动重大工程项目集中复工，能够给市场释放强力信号，带动其他企业加快复工或增加投资，提振市场信心。

二、重大工程项目复工面临"五个堵点"

疫情发生后，不少重大工程项目进度受到影响。比如，南方某省发改委负责人估计，受疫情影响，该省重大项目建设进度平均耽误一个月左右。东部某市一个区有8个在建重大工程项目，春节期间只有1个没有停工。最近几天虽然各地加快重大工程项目复工，但进度依然欠佳。比如，西南某省在建重大项目有255个，到2月初复工项目屈指可数，到2月18日仍然只复工62个，复工率不足1/4。南方某省有关部门估计，即便到2月底，全省重大项目复工率也只能达到七成多。影响重大工程项目复工的因素较多，具体包括以下几个方面：

一是获得复工批准难。比如东部某省，截至2月19日全省复工的交通重大在建项目只有20个，其中5个铁路项目总共有52个标段，但已批准复工的只有26个标段，还有26个标段等待复工批准。

二是工人返不了岗。受疫情影响，农民工就业难和项目工地招工难问题并存。据某大型项目工地负责人反映，他负责的项目平时有五六百工人，前几天申请复工时考虑到很多工人无法按时返岗，只申报了120人复工，但实际上远远不到，目前钢筋工、架子工、木工等各个班组都缺人。

三是原材料供应跟不上。工程项目复工离不开水泥、砂石等建筑原材料的及时供应。但在疫情冲击下，很多建筑材料企业也出现停工，导致原材料断供。有的供应商虽然有库存，但运不来，形成区域性短缺，导致有的项目复工后出现间歇性停工。

四是防护物资缺乏。做好防护是项目复工的前提。项目建设需要的建筑工人数量大，而且他们施工中灰尘、汗水较多，口罩重复利用的可能性很低，算下来每天都需要消耗大量口罩。目前市场上口罩等防护物资十分紧缺，很难为工人们备足。有工地负责人反映，他所负责的项目有100多工人进场，上午、下午每人各用1个口罩，算下来每天要用200多个口罩，他每天都发愁上哪去准备这么多口罩。

五是成本价格上涨。疫情不仅使防疫成本增加，工人工资、建材价格也出现明显上涨。比如，有工地反映，春节前供货的一家建材企业在经历停工之后，原材料成本、工人工资都出现上涨，如果再按原先议定的价格供货就要赔本，明确提出要涨价。但项目建设费用之前早就定好了，现在面临成本上涨，承建方的积极性受到很大影响。

三、加快推动重大工程项目复工的对策建议

一是率先推动国家和省级重大工程项目复工。根据区域疫情风险等级，明确国家和省级重大工程项目复工时间表，取消各类不合理的复工审批要求，充分利用电话、微信、网络办公平台等开展不见面服务。另外，很多重大工程由国企尤其是央企承担，他们实力雄厚，组织性强，便于管理，建议推动央企和地方国企

承建的重大工程项目率先复工，发挥示范作用。

二是加强重大工程项目施工要素保障。把重大工程项目防疫物资保障、施工物资供应、交通运输协调纳入重点保供范围。推动重大工程项目相关供应商及时复工复产，做好所需钢材、水泥、砂石料等建材保障和土石方运输的综合调度。支持把疫情带来的防疫成本、原材料价格上涨等额外增加成本列入工程造价予以追加。

三是协调组织工人加快返岗。加强与劳务输出地协调对接，实行"点对点"定制化包车运输。对普通施工人员，可以立足项目所在地周边就近招工。对不及时上岗就会影响项目进度的关键岗位员工，支持安排核酸检测，通过检测排除新冠肺炎感染后可以立即解除隔离、迅速上岗。

四是抓紧推动一批项目新开工建设。向有条件的省市下放土地等审批权限，对今年6月底前能开工的重大工程项目，预支新增建设用地计划指标。地方政府债券要优先支持今年6月底前开工建设的项目。有专家建议把今年地方政府专项债规模提高到3.3万亿左右，或者增发1万亿左右特别国债，支持适度扩大政府性投资规模，抓紧在公共卫生设施、应急保障仓储、城市安全、交通运输等领域新上一批项目。

更好发挥保险在防控疫情风险支持复工复产中的作用

——推动复工复产专题调研报告之三

高振宇

这次新冠肺炎疫情发生以来，保险企业积极组织赠险护医、扩展保险责任、延长保单期限、创新产品供给、实施保费优惠、改进保险服务，对抗击疫情冲击、促进复工复产发挥了独特作用。截至2月28日，保险业因疫情共计赔付案件90860件，累计赔付金额1.1亿元。也要看到，目前一些地方针对防控疫情风险、支持复工复产的保险品种还比较少、保费仍然偏高，制约了企业和群众的选择。

建议有关部门在前期各个地区和众多险企积极探索的基础上，进一步加强统筹设计，加大财政补贴和税收优惠等政策支持，适当提高风险容忍度，加强疫情数据及时共享，促进政府部门和保险企业各展所长、形成合力，更好防控疫情风险、支持复工复产，努力实现"客户降风险、政府少出钱、险企有盈利"的多赢格局。

一是支持保险企业共保推动重点企业复工复产。南方某省在这方面进行了探索，该省银保监局组织多家保险公司联合推出"复工复产企业疫情防控综合保险"，划定受疫情影响较大的100家省重点企业，对其因封闭或隔离所导致的产品损失、员工工资及隔离费用三方面支出进行风险保障。单家企业保费为12万元，其中省财政厅补贴70%、企业自担30%。该保险采用共保模式，省内12家财险公司共同承担保额2亿元的风险敞口，每家企业保额最高为200万元，保险期限为6个月。之后，多个省份也推出了类似的"综合保险"。业内人士表示，这种"政府补贴＋市场化运营"模式能够在保证财政资金专款专用的同时，放大资金保障效应，提高资金使用效率。建议有关部门跟踪总结该省"复工复产企业疫情防控综合保险"实施情况，有针对性地进行完善，推出保险示范条款，合理确定保费和财政补贴标准，扩大投保企业范围，在具备条件的地方进行推广，供企业自愿选择以分散风险。

二是支持保险企业积极开展面向小微企业的复工防疫保险。东部某市较早在这方面进行了尝试，推出了专门帮扶小微企业的政策性复工防疫保险，首批惠及约5000家小微企业。每家企业保费2000元，其中政府补贴50%。如因法定传染病导致企业停工停产，每家企业按照每天3500元给予定额赔付，累计最高赔偿限额为10万元。建议有关部门组织一些代表性的大型国有保险企业对这一模式进行总结和推广，在精算疫情风险的基础上针对不同行业、不同规模的小微企业合理确定保费和补贴，并允许小微企业将购买防疫保险支出进行所得税税前列支，为他们量身提供保险保障。

三是支持保险企业稳步拓展农业保险品种。这次疫情发生以来，一些保险公司针对与百姓生活密切相关的农产品品种开发了不少创新险种。如一家保险公司在浙江积极参与叶菜价格指数保险，在山东大力开展大蒜、马铃薯等蔬菜目标价格保险，通过为种植户提供价格保障，增强广大菜农的生产信心。建议有关部门积极支持保险企业把弥补农业因灾损失、提高农民抗风险能力、促进农业恢复生产作为工作重点，拓展农业保险品种，扩大农业保险覆盖面，稳定农业种养殖户和农民生产经营预期，支持做好疫情防控期间"菜篮子"等农产品稳产保供工作。

四是鼓励保险企业积极开展面向个人的防疫保险。这方面，很多保险企业已经行动起来。如一家保险企业及时推出面向个人、保期到年底的防疫保险，保费为80元，投保人确诊感染新冠肺炎即可获赔2000元，如因病死亡可获赔30万元。还有保险公司面向返岗务工人员开发了"复工安行保"专属产品，为地方政府集中组织接送的返岗务工人员提供保险保障。建议有关部门鼓励保险公司加大类似产品开发推广力度，根据各地疫情风险状况动态合理定价。积极开发推广面向医护人员、公安交警、社区工作人员、快递人员、出租车司机等特定人群的专项保险产品。还可考虑着眼患者未来生活，鼓励险企开发长期护理类商业保险，解决患病人员长期保障问题。

五是吸引保险资金参与重大项目建设。保险资金具有规模大、期限长、来源稳定、可跨周期配置等特点，在支持重大基础设施建设、为企业提供长期股权或债权融资方面具有独特优势。最近首批注册落地的两支抗疫保险资金债权投资计划，就向中部某省的企业提供了30多亿元的资金支持。随着疫情防控形势持续向好，很多重大项目建设将加快推进，资金需求规模很大。建议有关部门指导保险资管行业从注册效率、服务质量、产品创新等方面着手，支持保险资金积极参与各地基础设施等重大项目建设，更快更好服务疫情防控和企业复工复产。

加快专业市场复工复市
打通产业链流通环节梗阻

——推动复工复产专题调研报告之四

张军立　　李钊

　　各类专业市场是大宗商品交易、流通的主要渠道。目前，除农产品、食品等批发市场外，金属矿产、能源化工、建材家居等专业市场普遍复工复市不足，成为产业链协同复工复产的关键堵点。

　　主要影响：一是上游环节产品销售受阻。导致企业库存高企、复工难复产甚至限产减产。以钢铁为例，目前全国钢材库存据估高达1亿吨，各地仓库普遍满容胀库，很多上游钢铁企业被迫检修减产。二是下游企业采购困难。专业市场承担着重要的交易撮合功能，许多企业采购主要是通过专业市场完成的。如果不能尽快恢复营业，企业将无法正常采购原材料，反过来又影响企业生产。三是影响大批中小商户生存及上千万人就业。全国4861家亿元以上批发市场中，有各类中小企业及商户346万家；亿元以下批发市场还有 5 万多家，涉及的中小商户数量十分巨大。不少中小商户和从业者，在停业近两个月后已经十分困难，亟待复工复市获得收入来源。此外，农资、纺织服装等市场具有很强的季节性，错过当前的时间节点，全年都将受到严重影响。

从各地情况看，目前专业市场复工复市仍面临不少困难。一是疫情防控难度大。专业市场大多商铺密集、人员流动频繁，在防疫措施和物资上存在实际困难。各地政府在大型专业市场复工问题上，相对比较慎重，有的让市场做感染"零承诺"，导致部分市场和商户不敢开工。二是资金周转压力大。库存高企大量占压商贸企业流动资金，不仅没钱进货，房租、电费等日常支出也非常紧张。目前 1 亿吨钢铁库存，按 3700 元 / 吨计算，占压流动资金 3700 亿元，69% 的一级经销商流动资金严重短缺。近日，多地商户"上街"要求减租，也反映经营者资金确实十分紧张。三是短期销售压力大。由于终端市场需求尚未打开，部分市场"开门没顾客、复工没销量"。目前也还有很多县乡、城市社区处于受控或封闭状态，送货、家装等业务难以展开，消费的最后一公里尚未打通。

当前这些专业市场，已不是传统意义上的集贸中心、展销平台，而是涵盖交易、设计、检验检测、供应链金融等功能的公共服务平台，业已成为产业链上承上启下的重要一环。加快专业市场复工复市，对于打通流通环节梗阻，畅通产业链循环具有重要意义。对此，我们建议：

一要加快推动复工复市。认真落实分区分级精准复工复产要求。疫情低风险地区，不得设置各种限制，尽快推动专业市场全面恢复正常经营。疫情中高风险地区，简化复工复产审批和条件，加快提高专业市场复工复业率。

二要明确专业市场复工指南。按照分区分级差异化防控要求，结合各类专业市场特点，出台统一的防疫标准及应用细则，就防控组织、防控措施、应急预案、内部管理提出明确要求，指导企业规范做好各环节防控措施。

三要建立防疫物资共享机制。对于通用的消毒装备、防疫物资，可由当地政府或市场统一配备，形成统一调配或共享平台，不强制要求所有商户单独配备，保障中小商户有条件安心复工。

四要加大金融支持力度。把已出台的支持中小企业和个体工商户的贷款延期、低息贷款、加大信贷投放力度等金融支持政策落实落地，真正让中小商户获得实惠。引导金融机构主动对接专业市场经营企业，加大流动资金贷款支持，给予合理信用额度。支持专业市场通过信贷、债券等方式融资后，以多种方式向市场内的中小商户提供资金支持，降低中小商户现金流压力和融资成本。

五是给予税费优惠支持。落实好对中小商户的税收、社保费减免政策。在鼓励市场给商户减租的同时，同步减免市场经营企业的城镇土地使用税等。加强市场转供电环节监管，确保商户及时享受到阶段性降电价5%等优惠。

建立多方合理分担和激励机制
提高农民工返岗"点对点"运输组织效率

——推动复工复产专题调研报告之五

刘帅　　牛发亮

　　疫情导致农民工返岗难和企业招工难并存。在国家大力推动下，各地结合实际推进"点对点"直达包车运输服务，既帮助农民工返岗就业，也助力企业复工复产。随着疫情防控形势持续向好，农民工返岗出行需求更大，但通过电话调研发现，"点对点"直达包车运输服务也存在一些问题，制约了服务能力进一步提升。建议总结地方经验做法，建立多方合理分担和激励机制，提高农民工返岗"点对点"直达包车运输的组织效率，助力更多农民工尽早返岗复工。

一、"点对点"直达包车运输有力促进了农民工返岗，但还面临一些突出难题

截至3月6日，全国有27个省份实施了"点对点"的一站直达包车业务，累计运送农民工263万人。但这种运输服务仍然存在诸多操作上的难点，该方式运送农民工占全部已返岗农民工的比例仅约3%，运输服务能力有待进一步提高。

（一）激励缺失导致地方实施的动力不强。由于组织实施"点对点"直达包车运输任务繁重、责任很大、缺少激励约束机制，部分地方动力不强。前期因为国家大力推动，加上属地企业用工紧缺，地方政府的积极性还很高，但目前一些地方帮助企业接回农民工的包车等支持政策已经停止执行。据反映，沿海某地从2月20日至29日之间的十天时间内，政府每天都安排一趟包车帮助企业接农民工返岗，企业只需报名，农民工就能免费乘坐包车回来上班。同期，如果企业自行想办法接农民工返岗，2月25日之前每接回一个缴纳社保的农民工，可从政府获得800元补助；2月25日至29日补助标准降为每个农民工500元；2月29日之后不再有补助。当地一家企业反映，2月29日前他们厂里不少云贵川的农民工都因为怕感染不愿返岗，现在想回来却没有相关政策支持了。

（二）财政紧张导致地方实施的能力受限。"点对点"直达包车运输为了疫情防控需要，一般实行分散就座，上座率只有50%，还要设置临时隔离区，座位利用率很低，运输成本大大增加。某市组织一批包车服务，在分散就座的基础上，把每台大巴最后3排作为留观区，平常6台大巴就可完成的运输任务实际上要由13台大巴来完成。加上涉及的农民工数量多，运输费用很高。各地

对费用承担方式有不同做法，有的由财政全额承担，有的由财政和用工企业按 2∶1 分担，但通常都是财政出大头。据报道，某县级市一天运送 230 个农民工，仅食物、饮用水、水果等物资购置就花了 2 万多元，全部由该市人社局支出。

（三）摸排农民工出行意愿的效率偏低。中部某省基层工作人员反映，他们都是通过电话、微信、村干部上门等方式摸排农民工出行意愿，摸了 50 多个农民工的情况，结果只有 30 个农民工能够办理健康证明、且有出行意愿，效率极低，工作量又大，而且很多真正有意愿的农民工还存在大量遗漏问题。一位基层干部反映，他们花了大量时间和精力对辖区内居民逐一筛查，结果只有 4 个农民工有返岗意愿，而且有 1 人还不符合开具健康证明的条件，投入大收效小。

（四）跨地区跨部门协调对接的困难较多。"点对点"直达包车运输给农民工返岗带来了很大便利，但对政府来说却是一件棘手的事。有地方人社部门工作人员反映，在整个过程中，统计汇总农民工出行信息要涉及市、县、乡镇、村多个层级，协调包车要涉及人社部门、交通部门、卫健部门、运输企业不同主体，还要保证输入地、输出地、用工企业对接顺畅，中途只要有一个环节出岔子不但办不好事、还可能进退两难，引发农民工集体抱怨甚至舆论曝光问责等。

（五）路线分散的农民工难于集中组织。很多农民工来自交通不便的农村，出发地比较分散。经过前一段时间开展"点对点"直达包车运输，一些出发地和用工地高度集中的农民工已经运达务工地了，剩下的更多是分布分散的农民工，不便于集中组织"点对点"直达包车运输。比如，某县组织的一批包车，175 个农民工分布在全市 30 个乡镇。又如，某市为了接 200 个农民工返岗，分派 13 辆大巴辗转 8 个市州 18 个集合点，最远的单边距离有 500 多公里。

（六）有的地方向外输出农民工的积极性不高。一些地方重视为本地企业接回农民工，却不愿送农民工外出务工。有的地方根本就没有组织开展"点对点"直达包车运输服务；有的地方在宣传方面没有做到位，很多农民工根本不知道有这项服务；有的地方组织了一两批作为"盆景"，运输量小，但很快就不再组织了。有企业反映，发函给农民工输出地政府对接"点对点"直达包车运输后，并没有得到积极响应。

二、提高农民工返岗"点对点"直达包车运输组织效率的政策建议

（一）在国家层面建立激励机制。建议国家从各地失业保险基金中归集一定规模的资金，专项用于激励地方政府组织"点对点"直达包车运输服务，可根据人数或实际发生费用等按照一定比例进行专款补助。鉴于归集保险基金需要一个过程，可先由财政垫资，待基金归集到位后再还给财政。

（二）建立政府、企业、个人等对运输成本的合理分担机制。受疫情影响，不少地方尤其是县级财政收入锐减，而疫情防控、民生等支出明显增加，收支矛盾加剧。这种情况下，地方政府要拿出大笔钱来运送农民工很困难。另外，目前铁路、民航运输任务还不饱满，资源利用效率不高，一些交通工具、设施停止运行还可能带来维修成本上升，有条件、有必要以优惠价格承担更多运输服务。建议结合实际，按照运输企业优惠一点、地方财政补一点、用工企业出一点、农民工掏一点的思路，建立成本多方共

同分担机制。

（三）支持用工规模大的企业自主包车接农民工返岗。地方政府的资源、人力有限，如果把运送农民工的任务全部包揽起来不太现实。一些地方政府起初完全冲在前面，既不要企业出钱，也不要企业出力，虽然效果不错，但不可持续。建议充分发挥用工企业作用，政府提供后台服务和跨区域协调支持，同时对自主包车企业由政府给予适当奖补，调动企业的积极性。

（四）提升完善和推广使用"点对点"直达包车运输互联网平台。目前有关部门虽然已经建立了"农民工返岗复工'点对点'用工对接服务平台"，但由于刚上线，很多企业特别是农民工还不知情、不了解，影响了作用发挥。建议进一步提升完善、大力推广。平台从三方面都要能接受申请，一端接受农民工本人申请，一端接受用工单位批量申请，同时还要能接受被授权的基层工作人员集中申请，便利线下摸排的信息导入线上。接受申请后，平台对农民工出行意向和需求进行同类归并，把相同出发地、相同目的地、相同时间的出行需求归集在一起，便于统一安排包车。这既能减少实际操作中的协调对接负担，又能扩大"点对点"直达包车运输的服务范围，缓解农民工分散出行无法统一包车运送的问题。

推进复工复产亟需解决的若干问题

——推动复工复产专题调研报告之六

刘军民　　乔尚奎

加快推进复工复产是当前等不起、拖不得的大事，但实施中还存在不少认识障碍、管理掣肘和落实梗阻，亟需加大工作力度，推动复工复产进入"快车道"。

第一，进一步打通政策落实堵点。 为应对疫情影响，近期各级政府密集出台了减税、减费、减租、减息等一揽子助企纾困政策。粗略统计，仅国家层面发布的支持性政策文件就有 50 多个，加上各地出台的政策多达几百项、措施上千条。推动复工复产，关键是把这些政策用好用足用到位，助力企业渡难关。

一是畅通政策传导。有的政策实施环节较多、传导不畅，导致落实不及时不到位。比如，失业保险稳岗返还等扶持政策必须由企业申请并经层层审核才能获得，但一些企业因对政策不完全知晓或疫情期间尚未复工没有申报，导致政策无法享受。应尽可能采取制度性减免等普惠性方式"一竿子插到底"，企业无需申请

23

就可自动获得。即使需要申请，也应最大限度减少要件、流程和环节，尽可能采取网上办理等便捷方式。还应加强政策宣传解读，主动"送策上门"。

二是细化完善政策。有些政策是已明确了方向，需要拿出具体措施。比如，国家已提出实行防疫紧缺物资政府兜底采购收储政策，但相关实施细则和操作办法还不明确，政策落实尚"悬在空中"，相关企业在扩产增供时心里仍然没有底。再比如，国家提出各地结合实际鼓励对个体工商户承租经营性用房的租金进行减免，但仅是原则性意见，导致落地比较难。对此，有关部门和地区应结合实际及时制定实施方案和操作细则，确保政策落地。同时加强跟踪分析，及时发现政策执行中的问题，针对性予以调整和完善。

第二，大力简除烦苛管制。一些地方复工复产进度慢，一个重要原因是防疫中设置的一些临时性应急管控措施取消或调整不及时。应按照"放管服"改革精神，为企业复工复产简审批、多清障、优服务。

一是精简审批备案。一些非疫情防控重点地区仍对企业复工复产实行审批管理，要件繁多、流程繁琐。据媒体报道，某地企业复工复产需提交二十几份材料、盖数十个公章。有的地方对异地返工人员进行无必要的重复性隔离。对此，应按照中央分区分级精准防控要求，尽快纠正影响复工复产的不合理规定。低风险地区不得采取审批、备案等方式延缓开工，中、高风险地区应按照最少、必需原则制定复工复产条件，尽可能将复工复产审批制改为备案制或告知承诺制。

二是简化证明手续。一段时间以来，一些地方"防疫证明满天飞"，员工返岗被要求出具疫情期间出行轨迹证明、健康证明，跨地区运输要有介绍信、城际通行证、司机健康证，有了健康码还要健康证，仿佛证明越多就越安全，这严重阻碍了企业复工复产。应及时取消不合理、不合时宜的证明，涉企证明事项尽可能网上办理，必要的健康证明要全国互通互认。

三是纠正行为偏差。推动复工复产必须实事求是，务实功、求实效，但有的地方却搞起形式主义、花架子那一套。有的地方不切实际下指标、定任务，下级则通过"造场面""冲指标"等假把式来应付，比如让企业开着机器空转。近日，西南地区某项目启动仪式现场，机械排列得整整齐齐，领导宣布项目启动，汽笛长鸣，但领导刚离开，机械就"马放南山"。这些注水式的假复工复产，严重败坏政风作风。对此必须坚决严厉整治，防止以填表报数来代替工作落实、以走场作秀来表明履职尽责。

第三，注重必要的引导带动。企业复工复产最根本的是要靠市场力量，但在非常时期要适当注重发挥政府"有形之手"的引领带动作用，尽快撬动市场需求、提振市场信心。

一是开足马力加快重点项目建设，带动有效投资。当前一些企业复工复产难，很大程度上是受制于终端需求复苏慢。比如，受疫情影响各地建筑工程开工不足，全国各大建材卖场开业率不足10%，需求不振导致建材产品压库严重，生产建材的企业即使复工了也被迫停产减产。中国建材联合会统计，截至3月10日，建材行业复工率为63.26%。工程项目投资额大、带动效应强，既可直接拉动建筑材料、机械设备等上游行业复工复产，又能带动工程服务、物流仓储等下游行业恢复经营，产生投资乘数效应。应加快推进国家规划已明确的重大工程和基础设施建设，以有力举措促进带动效应强的重点工程、"龙头"项目率先开工建设，为相关行业复工复产提供强劲牵引力。

二是提振消费信心，促进消费回补。疫情发生以来，居民外出急剧减少，消费信心和意愿下降，消费市场受到很大冲击，商贸、服务行业复工复产率回升缓慢。美团大数据显示，截至3月10日，全国餐饮业商户复工率为55%，恢复的主要还是外卖服务。近期有的地方政府领导干部带头"下馆子"支持餐饮业复工复业，起到了提振信心、鼓舞"市"气的积极效应。有的地方大力打造"智慧商圈"，促进线上线下融合等消费新模式、新场景加快应用。各地应因地制宜，引导商家积极行动，激活被抑制、被冻结的消费，尽快促进消费回补回升。还应大力培育壮大疫情防控中催生的新型消费、升级消费，释放消费新潜能。

第四，强化正向激励和精准问责。 推动复工复产，必须充分调动各方面积极性、主动性、创造性。应坚持正向激励导向，开展必要的考核评价，激励和督促各级干部实干担当、敢作善为。

一是强化正向激励。疫情防控中，有关部门和地方政府对抗击疫情事迹突出的先进集体和先进个人及时进行"战地表彰"，极大鼓舞了士气、凝聚了力量。推动复工复产也需要这样做。对相同风险等级的不同城市，复工复产进度快、成效好的先进典型，应予以通报表扬。对一些地方创造性开展工作、注重解决实际问题、千方百计推进复工复产的经验，应大力宣传推广。还可"要素跟着复工复产走"，在资金补助、债券发行、用地指标、改革先行先试等方面，对先进地区给予适当激励支持。

二是科学精准问责。对复工复产中缺乏担当、不推不动甚至推而不动的，及时通报批评；对复工复产中推责卸责、层层"甩锅"的，及时曝光处理；对那些作风飘浮、弄虚作假搞"空挡踩油门"的，严肃追责问责。当然，执行中也应区分具体情况，明确责任边界，建立容错机制，避免问责不当或过度，挫伤干部积极性。

餐饮、住宿和旅游业处境艰难
建议采取精准应急救助政策缓解风险

——推动复工复产专题调研报告之七

黄涛　　包益红

生活服务业是中小企业集中度很高的民生行业，涉及数千万人就业。疫情发生以来，餐饮、住宿、旅游等生活服务业遭受重创。当前，这些行业复工复业进展总体较慢，"开业难、不开业也难"，不少中小企业处于亏损倒闭边缘。虽然看起来单个企业资金风险、就业风险不大，但千万个企业汇集起来的风险不可小觑。近期，我们和有关部门、协会、研究机构进行了探讨，有关情况和建议报告如下：

一、餐饮、住宿和旅游业受疫情影响情况和风险分析

一是餐饮业受冲击较大，中小商户可能面临成批倒闭风险。前两个月，全国餐饮收入同比下降 43.1%。据调查，前两个月样本

企业各类支出已与去年全年利润相当。有关调查显示，截至 3 月 19 日，全国餐饮商户开工率达 73.9%，但消费复苏率只有 29.5%。业界预计，即使后期餐饮消费出现回补，也难以抵消前期疫情影响，83.1% 的企业预计全年净利润将减少甚至出现亏损。餐饮业吸纳就业达 2100 万人，如果中小商户大量歇业，可能影响数百万人就业。餐饮业从业人员大多文化水平不高、缺乏一技之长，再就业难度较大。

二是住宿业受影响程度较深，存在资金断链和员工下岗风险。前两个月，限额以上住宿业客房收入下降近 50%，降幅高于餐饮业。住宿业恢复进度总体不快。有关数据显示，截至 3 月 19 日，住宿业商户复工率为 53%；由于地方政府限制复业、等待复工审批、招工难等问题，全国近 4800 家星级饭店暂未复工。与餐饮业类似，住宿业也是劳动密集型行业，吸纳就业约 600 万人，其中包括大量农民工和城市困难就业群体。部分中小住宿企业可能熬不过"春寒"，引发小规模失业风险。

三是旅游业遭受很大损失，不利影响将持续较长时间。据统计，一季度各类旅游景区经济损失约 4200 亿元，旅行社损失约 1000 亿元。旅游业复工复业缓慢。据有关平台监测，截至 3 月 19 日，旅游业商户复工率 30.8%，一半以上景区仍处于停业或无收入状态。有关机构预测，一季度国内旅游人次和收入分别下降 56% 和 69%，全年分别下降 13.9% 和 18.6%，入境游降幅更大。旅游业产业链条长，吸纳就业多，直接就业人数超过 2800 万。疫情之下，入境游、国内游、出境游三面受阻，相关企业尚未"止血"。部分国有景区尚可支撑一段时间，但部分中小、民营旅游企业资金链绷得很紧，不排除引发银行坏账风险，还可能导致一定规模失业等问题。前期 70 万导游人员集体待岗，不少仍无工可务；从事旅游工作的贫困户收入明显下降，影响脱贫攻坚成效。

二、帮扶餐饮、住宿和旅游业应对风险挑战的政策建议

餐饮、住宿和旅游业中每个小企业、小商户都是一家人的生计，都是社会稳定器，也都是纳税主体。建议有关部门及时施以援手、精准施策，帮助他们渡过几个月的难关，缓解就业压力。餐饮、住宿和旅游业都是市场化程度很高的行业。从根本上说，还是要靠发挥市场机制作用，政府部门在复工复业、消费促进等方面下功夫，打造更好营商环境，推动这些行业早日自救复苏。

一是加大金融支持力度。资金链断裂是企业最大风险，现金流是企业首要关切。建议由各地金融部门、商务部门、文旅部门联合制定重点企业清单，主要包括行业内基本面好、就业量大、资金周转困难的企业，清单内企业视同中小企业享受相应的金融支持措施，包括给予专项再贷款资金支持。对坚持不抽贷、不断贷、不压贷以及减免利息的金融机构予以相应激励。研究允许餐饮、住宿、旅游等生活服务业企业以增值税进项留抵未退税金额为担保，申请质押贷款。鼓励银行金融机构与电商平台合作，发放低利率信用贷款，进行精准融资支持。引导地方降低政策性担保费率，治理融资环节乱收费，减轻中小服务业企业融资成本。

二是完善财税支持政策。用好文旅、商务等领域专项资金，优化支持方向。有条件的地方对餐饮、住宿、旅游等企业贷款给予贴息支持，贴息期限不超过 1 年。鼓励引导物业所有人对生活服务业困难企业减免物业租金，属地政府予以一定财政补助。加

大对相关从业人员培训补贴支持力度。简化增值税进项留抵退税的申请及审批流程，缩短退税时间。对受疫情冲击较大的餐饮、住宿、旅游等行业，临时性减免城镇土地使用税、房产税，免征残疾人就业保障金、水利基金、文化事业建设费、特种设备检验费等行政事业性收费和政府性基金。支持公用事业单位下调用水、用电、用气价格，建议给予其一定财税激励。

三是大力推动企业复业稳岗。复工复业是解生活服务业之危的迫切要求。建议加快调整和取消与正常生产生活秩序不相适应的防控措施。除重点地区之外，原则上取消复工审批和备案手续，加快外地员工返岗进度，提供防疫物资支持。对餐饮、住宿、旅游等行业，研究提高稳岗补贴标准，支持稳定劳动关系。协助企业招聘员工，采取灵活用工、共享用工方式，降低用工成本。据有关协会反映，生活服务业中连锁经营企业较多，按现行规定属于大型企业，无法享受中小企业政策优惠，实际上各个门店均相对独立经营、符合中小企业标准，但单独注册不现实。建议研究突破相关规定，临时性允许连锁企业以门店为单位适用中小企业扶持性政策。此外，建议制定餐饮、住宿、旅游业应急救助计划，采取一揽子针对性消费支持政策措施。

四是鼓励消费新业态新模式发展。制定鼓励线上线下融合发展的政策措施，完善"互联网＋消费"生态体系。支持餐饮外卖、"闪购"、线上买菜等业态创新发展，激发居民消费活力，形成线上线下融合互动、双向繁荣的局面。支持相关企业发展预约制、无接触服务等新服务，加强无接触服务基础设施和支撑平台建设。

五是拓宽消费时段创造消费机会。弥补疫情期间损失的消费，需要额外的时间和场景。疫情之后，可以大力发展夜间经济、全时经济，举办美食节、购物节、小吃节、啤酒节、演唱会等，打造 24 小时城市，推动消费复苏。据调查，71.5% 的受访群众表示疫情结束后一段时期会外出旅游。建议严格落实带薪休假等制度安排，通过假期调休等方式创造新的 3—5 天"小长假"，激发居民旅游消费潜力。

发挥好互联网银行作用
助力小微企业融资纾困

——推动复工复产专题调研报告之八

冯晓岚　　杨诗宇

新冠肺炎疫情发生后，互联网银行发挥自身优势，为小微经营主体提供了及时便捷的融资支持，帮助其渡过难关。同时，部分互联网银行反映经营发展中面临一些痛点难点，制约了其服务小微客户的能力，期待有关部门加以解决。

一、互联网银行服务小微客户的特点和优势

互联网银行的小微信贷业务有以下特点：其一，利用大数据等技术直接服务小微客户。依托股东平台场景积累的客流、交易等数据资源发放纯信用贷款，运用大数据等技术对网络信贷实现智能化风控。如某互联网银行针对电商群体提供小额信贷，累计服务 2400 多万小微客户，户均贷款余额 3 万元。其二，采用银政

合作和集群战略批量服务小微企业。借力产业集群及政府资源引流获客，为小微企业提供信贷支持。如某银行与国家"金税工程"企业、POS机研发企业、农药制剂头部企业等合作开展批量信贷业务，累计服务6.14万个小微客户，涉及农业、百货、餐饮等多个行业。其三，与商业银行开展小微信贷合作。将传统商业银行的资金、风控优势和互联网银行的"零接触"获客、低成本审贷放贷的优势结合起来，共同为小微客户服务。如某银行与50余家商业银行合作发放联合贷款，在自身投放小微信贷的同时，还带动其他银行增加了信贷投放。

实践表明，互联网银行之所以能在一定程度上弥补线下银行服务的不足，主要因为具备三方面优势。一是帮助解决"首贷难""续贷难"等"最后一公里"问题。互联网银行借助大数据、人工智能、区块链等技术，能够解决传统信贷手段难以解决的信息不对称、服务成本高等问题，将贷款发放给没有贷款记录或急需资金的小微客户。疫情发生以来，某银行对150万户湖北小店和30万户医药小店持续提供贷款服务，不断贷、不抽贷，存量贷款最长可延期3年偿还。二是可以满足小额信贷在内的普惠性金融需求。调查显示，受疫情影响的小微企业资金缺口集中在100万元以下，其中55%的资金需求在10万元以下。互联网银行的运营成本普遍低于线下银行，能够服务线下银行因服务成本高而难以触达的长尾客户，形成互补格局。三是贷款审批发放的效率较高。互联网银行通过全线上、智能化审批发放，显著提高了申贷效率。如某银行在线申贷后10分钟就能得知审核结果，1分钟就能提取贷款。

二、互联网银行开展"支小"服务的局限与制约

尽管拥有以上优势，互联网银行服务小微客户仍然受到一些制约。首先是贷款利率缺乏优势。互联网银行由于资金成本高、联合贷款分利、风险数据积累不够等因素，发放的信用贷款利率普遍较高。资信好、实力强的优质小微客户有能力从线下银行贷到低利率资金，互联网银行争取的多是资信较差、资金实力较弱的次优级客户。其次是突破服务场景限制比较困难。互联网银行的数据资源多植根于股东的平台场景，如电商平台、社交平台等，其业务也多为个人消费端信贷服务，在产业金融服务方面存在短板。如某银行开发了面向小微企业的"微业贷"产品，累计发放额不足个人现金贷产品"微粒贷"的10%；某银行的小微客户中89%为个体工商户和个体经营者，只有10%是小微企业和小微企业主。某银行虽然尝试突破股东场景束缚，但培育企业客户并不容易，目前99.82%的客户为个人，小微企业主只占0.15%。

此外，互联网银行作为民营银行，发展小微信贷业务受到资本、资金、网点等因素制约。

一是资本补充渠道不畅导致信贷增量难。资本金规模决定了信贷投放能力。目前互联网银行的资本利用率普遍接近上限，由于无法发行资本补充工具、股东资质和股比受限，以及叠加经济下行、股东增资困难，导致新增贷款空间受限。如疫情发生后，某银行的小微贷款余额增长了50%，资本充足率也从16.44%下降到12.15%，下一步如要再增加信贷投放就将受到资本金的约束。

二是资金来源渠道单一导致信贷降本难。互联网银行因缺少物理网点和品牌优势等原因，吸储能力弱，放贷资金主要来自股东资金和同业负债，成本较高，难以享受再贷款政策支持。某互

联网银行表示，其同业借款成本平均在 5% 以上，加上各类费用后的放贷利率达 12%—18%，高于目前普惠型小微企业贷款不超过 4.55% 的利率水平，不符合专项再贷款发放条件。

三是部分监管指标达标困难导致信贷扩面难。相对于传统银行而言，互联网银行的资金更多依赖同业市场，导致其在同业负债占比、优质流动性资产充足率等监管指标上达标较困难，影响了其做大小微信贷业务的动力。有银行反映，为了确保相关监管指标达标，不得不压缩信贷计划。

四是账户开立和展业受限导致客户拓展难。互联网银行无法开设 I 类个人账户，II 类个人账户收付金额被限定为单日 1 万元、全年 20 万元，给小微客户的工资账户开立、资金收付等造成不便。而开立企业账户按规定必须对法定代表人进行实地面核，疫情期间难以做到。同时，互联网银行的展业仅限于存、贷、汇等基本业务，产品和服务深度受到抑制。

三、增强互联网银行"支小"能力的政策建议

在当前小微企业和个体户因疫情受到严重影响、资金普遍紧缺甚至面临"生死关头"的情况下，一方面应加强对互联网银行的引导，促使其向产业链金融、复工复产等亟需支持的领域延伸服务，缓解燃眉之急。另一方面也应加大对互联网银行本身的支持力度，激发其服务小微客户的活力。

第一，支持互联网银行增资提高信贷投放能力。建议试点支持互联网银行发行二级资本债或永续债、鼓励股东增资、畅通新股东进入渠道，以增强其资本实力。支持中小银行降低资金成本，畅通资金传导渠道，促使低息资金及时投放到小微企业。放宽常

备借贷便利、金融债等业务准入条件，支持互联网银行优化资产负债结构，更好促进小微信贷扩面降本。

第二，优化监管指标激发互联网银行"支小"动力。建议根据互联网银行的经营定位和资产负债特点，加强对首贷率、信用贷款比率等指标的考核，阶段性适度放宽对同业负债占比等流动性风险指标的考核要求，鼓励其集中精力服务小微客户。同时，支持互联网银行发挥机制灵活、创新力强、试错成本低等优点，允许其在利率市场化、金融创新等方面先行先试，为银行业改革积累经验。

第三，引导互联网银行将更多信贷资源投向产业链上下游的小微企业。支持互联网银行充分发挥信息技术和大数据风控等优势，加强对供应链、产业链上下游的中小微企业、民营企业资金需求的"雷达式"立体扫描，及时提供精准信贷支持。同时，鼓励大中型商业银行、政策性银行与互联网银行加强合作，将对产业链核心企业和对上下游中小微企业的信贷服务结合起来，突出重点又各有专攻，把单个企业的不可控风险转变为产业链整体的可控风险，推动上下游企业同步实现产能爬坡，维护产业链、供应链正常运转。

第四，适度放开展业限制拓展小微信贷服务的广度和深度。调整账户管理相关要求，试点允许技术成熟、风控到位的互联网银行远程开立个人 I 类账户，有条件的可对企业法定代表人进行视频面核。同时，对经营业绩领先、服务小微客户成效突出的互联网银行，可在其坚持"支小"的前提下实施"一行一策"，围绕小微企业金融需求酌情调整其业务范围，帮助互联网银行提高服务小微客户的能力。

为小微企业提供"低成本、免担保"贷款关键在于针对不同需求设计不同实施机制

——推动复工复产专题调研报告之九

宋立　　杨祎

为了应对疫情对经济的冲击，主要国家出台了针对小微企业的救助措施。我国小微企业本已受到国内疫情的严重影响，现在又面临世界经济大面积"停摆"的"二次冲击"。当前形势下，出台新的小微企业融资支持措施，可借鉴发达国家的经验，根据不同企业的实际需要，实行"低利率、免担保"，防止因特殊环境因素导致企业大面积破产倒闭。

总的看，当前小微企业最紧迫的融资需求主要集中在三个方面：一是急需资金保生存。主要是疫情前经营比较稳定，但目前尚未复工、没有营业收入和现金流的企业，如娱乐、住宿等服务业企业和部分外贸企业等，需要维持工资、房租、设备维护等刚性支出，面临资金链断裂的风险。二是需要流动性资金供周转。主要是目前已经复工、缺乏启动资金的企业，如餐饮、零售等服

务行业和部分民生领域制造业企业等，疫情结束后可以较快恢复正常，经营风险不大。三是需要中长期资金稳复产、促达产。主要是受行业特点和供应链制约已复工但尚未达产的企业，如农业、大部分制造业企业等，恢复到疫情前的正常经营所需时间较长，需要持续资金支持。

"低成本、免担保"贷款本质上属于政策性金融业务，国际上普遍由政策性金融机构直接经营，或由政府部门委托商业银行实施。我国由于没有专门针对小微企业的政策性金融机构，当前推进的"低成本、免担保"贷款，均依托商业银行实施，虽然央行提供了低成本资金，但由于风险分担机制等不完善，相当于让商业银行承担了政策性职能。拟议中的不良资产"三家抬"或"两家抬"方案，没能有效解决这个问题，且对三种类型的需求缺乏针对性。建议根据企业的不同融资需求，将拟推出的1万亿元再贷款设计成三种类型的"低成本、免担保"贷款或专门推出新的"低成本、免担保"政策。坚持"政策的归政策、商业的归商业"，合理设计风险分担等机制，既调动商业银行的积极性，又避免商业银行政策化，防止在应急过程中"慌不择路"、扭曲商业规律和市场规则。

对急需资金保生存的企业，以政策性银行"转贷款"方式提供"低成本、免担保"贷款。人民银行向政策性银行提供低成本再贷款资金，设立"稳企业、保就业"专项转贷款项目，再由政策性银行指定有关商业银行具体实施。在价格机制上，政策性银行对转贷款资金"零加点"，商业银行可适当加点，用以覆盖基本运营成本。在风险分担机制上，政策性银行和商业银行按照9∶1的比例承担，以防操作中的道德风险。在业务形态上，实行"申领制"，由政策性银行制定标准，商业银行具体审核，企业提供工资报表、成本支出等凭证，等额申请贷款。资金以一年期以内的信用贷款形式发放，到期后企业可自主选择一次性还本付息或分期还本付息。在贷款管理上，由贷款银行实行封闭式监管，企业大股东或企业主承担一定比例连带偿还责任，尚未使用的贷款资金可在贷款银行购买活期理财，用以覆盖企业部分利息成本。在激励机制上，对完成贷款投放计划且总体不良率低于5%的贷款银行，央行通过差异化存款准备金利率等方式给予奖励，鼓励银行强化贷后管理、控制风险。

对需要流动性资金供周转的企业，采用商业性金融、政策性担保、财政贴息相结合方式提供"低成本、有贴息、免商业担保"贷款。人民银行向有意愿的商业银行提供低成本再贷款资金。中央财政贴息一半。由政府性融资担保基金提供全额免费担保，免除商业性担保。这样既可达到政策意图，又能维持市场规则，也不会给中央财政增加过大贴息负担。为了保障银行对企业有效让利，需进一步完善定向降准等考核，将银行对小微企业让利情况纳入考核，引导小微企业贷款利率与市场利率等幅同步下降。

对需要中长期资金稳复产、促达产的企业，采用商业性金融和政策性担保结合方式提供"低成本、免商业担保"贷款。人民银行向有意愿的商业银行提供低成本再贷款资金。对于优质企业，由商业银行自主按照商业规则提供金融服务。对于风险较高的企业，由地方政府性融资担保机构提供担保。担保放大倍数从目前的2.5倍左右逐步提高到10倍以上，今年争取达到4—5倍。对于湖北省的小微企业，地方政府性融资担保机构应做到应保尽保，损失部分由国家融资担保基金予以补贴。

建议政府帮扶和市场运作相结合
缓解中小微企业和个体工商户房租支出压力

——推动复工复产专题调研报告之十

王巍　　牛发亮

为缓解中小微企业和个体工商户（以下称企业和商户）受疫情影响而停业产生的房租压力，国家明确提出鼓励支持出租方减免物业租金，不少地方也出台了租金减免政策，但实施效果有限。建议创新方式，探索推行"租金入股"等新模式，通过市场化手段调动各方主体积极性，作为特殊时期的特殊政策，帮助企业和商户渡过难关。

一、房租等成本大是当前企业和商户的突出压力

疫情发生以来，餐饮、住宿、零售等服务业领域大量企业和商户经营受损严重，经营困难日益增大，倒闭裁员问题加剧。

一是需求低迷让企业和商户收入锐减。一季度，全国住宿和餐饮业增加值同比下降 35.3%，收入额下降高达 44.3%，降幅大于商品零售额 28.5 个百分点，已开业规模以上能够达到正常生产水平一半的住宿餐饮业企业比重只有 29.2%。疫情使市场经历了大面积长时间停摆，即使逐步复业，很多群众依然不敢出门消费，大量企业和商户难以恢复正常经营。据某市餐饮协会副会长介绍，该市已有 15% 的餐饮企业倒闭，影响四五万人就业，开业企业营业额只有正常时期的 30%。现在是全年结婚旺季，但占餐饮 40% 销售额的婚宴都取消了，持续下去失业人员将更多。

二是租金等刚性支出压力凸显。有关机构调查数据显示，当前 70.7% 的餐饮商户有房租压力，41% 的商户有人力成本压力，40.9% 的商户有原材料压力。某初创文化企业反映，春节后一直没有正常开业，收入几乎为零，房租到期后无力支付，房东也不愿意减免租金，办公室已经被停了两次电。某小吃店反映，店铺租金每月数万元，2 套员工宿舍月租金 4000 元，再加上员工工资照常发放，这些开支是每天最头疼的事，眼看就快入不敷出，再这样下去只能关门歇业。

三是一些税费和融资等扶持政策不易享受。国家已出台政策，对小微企业等纳税人提供生活服务等取得的收入免征增值税，但很多企业和商户受疫情影响根本就没有收入，政策红利难以享受。融资方面，经过努力，五大国有商业银行普惠小微贷款利率比去年下降 0.3 个百分点，但目前市场上还有四分之三以上的中小微企业基本没有贷款，利率下降的优惠也无从享受。

二、房屋租赁属于市场行为，仅靠政府推动减租面临诸多问题

面对企业和商户生产经营困难，租金减免最直接也最管用，为此一些地方政府积极加以推动。但实施效果并不明显，其原因主要有"三难"：

一是私人业主响应难。据了解，一些地方国有资产类经营性用房租金减免工作推进得相对顺利，不少国有企业和事业单位作为出租方能顾全大局配合减租。有些资金实力雄厚的大公司也愿意让利，部分商业地产商纷纷宣布对商铺减免租金。但还有很多非国有资产类经营性用房租金减免难以落实，主要是因为房屋租赁属于市场行为，而租金是业主的重要收入来源，对响应政府号召减免租金缺乏积极性。而且有的房产本身是靠贷款购置，面临还本付息压力，不会轻易答应减租要求。

二是政府财力降低导致持续增加补贴难。疫情影响下，各地财力都有较大程度下降，面对众多企业和商户的减租需求，仅靠政府有限资源难以实现补贴到位。比如某产业园区响应政府号召，决定免去所有入驻企业2个月的房租，损失达到600余万元，但当地对于园区的相关补偿政策一直没有明确，负责人表示，这种单纯"自己贴钱"的做法已经让园区经营受到不小影响，不可能再继续下去。

三是缺乏实施细则导致政策落实难。与广大陷入困境的企业和商户期待相比，很多地方出台的房租减免政策力度偏弱。比如，对中小企业承租国有资产类经营性用房的，只是允许可以减免或者减半征收1—3个月房租，数额并不算大。同时，由于部分政策缺乏操作细则，让企业和商户难以获得减租实惠，比如有地方鼓

励双创基地和产业园区为租户减免租金，但鼓励政策并不明确，何时减免、如何减免的要求也不清楚，导致免租政策落不了地。

三、"租金入股"方式具有一举多得的效果

在电话调研中，我们了解到，有些企业和商户愿意在房屋租金上与房东协商开展"入股分红"，通过共享企业收益缓解当期资金压力，用远近结合的市场化方式实现抱团取暖、共渡难关。具体做法是，企业经营者与房东开展平等协商，在一定期限内（比如6个月至1年不等），房东只收取部分房租或不收取房租，将企业所欠租金作价入股，并按一定收益比例参与企业分红。设定期限过后，企业可按协议价格回购相应股份，也可长期参照合伙人制度获得收益。

总体看，这种市场化做法具有一举多得的效果。对企业和商户来说，既能通过减免房租减轻当期开支，增加可用于生产经营的现金流，避免不必要的歇业和裁员，还能与房东之间形成利益共同体，增强大家的参与度，提升企业运营效率。对房东来说，避免了因企业倒闭带来的经营性用房租不出去、收益降低甚至租金违约等问题，同时也增加了获得投资收益的机会。对政府来说，实现了少花钱办大事的效果。此外，为了缓解员工工资支出压力，有条件的企业和商户也可以参照这种模式开展员工"薪酬入股"。

四、有关建议

一是加强政府引导和服务。这种方式作为特殊时期的一种探索创新，可能面临不少新问题，需要政府加强引导、提供服务，

确保顺利实施。建议推动地方政府搭建专项平台，有效开展政策宣介，立足实际规范工作流程，积极引入法律、会计、评估等中介资源，为推行"租金入股"提供便捷化、一站式服务，帮助解决各类实际问题，保障好各方权益。

二是加强财税金融政策扶持。财税部门和金融机构可及时跟进研究制定相应激励政策。比如，对开展"租金入股"的企业和商户，在财政补贴、信贷融资等方面优先给予支持，社保费减免期限给予适当延长，对无力足额缴纳电、气费用的企业和商户确保"欠费不停供"。对参与"租金入股"的房东未来收益减免一定比例所得税。对有贷款的房产业主，金融机构对贷款本息给予合理延期。

三是加强依法合规监管。推行"租金入股"的目的是为了稳经营、稳就业、渡难关，参与的必须是真正开门营业的企业和商户，以及真实出租的经营性用房业主，因此要周全细致制定相应规则并强化市场监管，防止企业和商户以此为名搞变相非法集资等行为。

建议大力支持汽车出口 促进稳外贸强产业

——推动复工复产专题调研报告之十一

包益红　李逸浩

近年来，我国汽车产业快速发展，国内消费市场趋于阶段性饱和，开拓国际市场的重要性、紧迫性日益凸显。围绕如何稳定和扩大汽车出口，我们与有关商协会、企业、研究机构进行了探讨。大家认为，扩大汽车出口既利当前，有利于减轻疫情冲击，稳定外贸规模，促进汽车行业复工复产，提高产能利用率，稳定产业和就业；也利长远，有利于更好利用两个市场、两种资源，优化外贸结构，推动汽车产业转型升级、由大变强。总的看，我国汽车出口尚处于起步阶段、与汽车大国地位极不相称，蕴藏着巨大发展潜力。

——**出口规模较小**。我国是汽车产销大国、以内销为主，外销与世界汽车强国相差很大。出口量多年在100万辆上下，占汽车产量比例不足4%，而日本为近5成、韩国约6成、德国近8成。

我国整车出口额占货物出口总额的比重仅为0.6%，远低于5.1%的世界平均水平，也低于巴西、泰国、印度、马来西亚等发展中国家水平。在全球汽车出口市场份额中，德国、日本分别占18%、11%，我国微乎其微。从出口结构看，以自主品牌汽车为主，目的地主要在中东、东南亚、南美等市场，发达国家市场占有率很低。

——出口附加值较低。与欧美日等汽车强国相比，我国本土汽车企业研发和创新投入不足，核心技术、产品质量方面仍有不小差距，品牌影响力、国际竞争力较弱，出口车型集中于中低端，单价和利润率较低。2019年，我国出口汽车平均单价为1.6万美元，而德国为4.6万美元。一些企业出口销售利润率不到1%，一些车型甚至出现亏损。

——国际化经营能力薄弱。多数汽车企业处于以出口为主的阶段，海外本地化生产能力不强，海外市场销售、售后服务、金融支撑体系滞后。目前，我国车企海外销售服务能力不强且稳定性差，一些境外客商担心维修服务跟不上，削减从中国进口汽车订单甚至退货。欧美、日韩车企大多利用自有汽车金融公司和银行为客户提供具有竞争力的汽车金融方案，而我国车企融资服务能力不强，主要通过当地商业银行为消费者提供信贷服务、成本较高，不利于市场开拓。

大规模汽车出口是制造强国、贸易强国的重要标志。我国本土汽车企业在开放中不断成长，具有产业链供应链比较齐全、综合成本相对较低等优势，部分自主品牌汽车在国际市场崭露头角，新能源汽车具有先发优势，参与国际竞争的基础和条件更加具备。建议立足当前、着眼长远，制定中长期发展举措，加强贸易、产业、创新政策协调配合，尽快提升国际竞争力，将汽车打造为外贸优势产品。

第一，推动贸易自由化便利化。建议以新兴市场为重点，加快商签自贸协定，升级现有自贸协定，将汽车产品列入重点降税产品清单，进一步降低非关税壁垒。稳定我与主要经济体的经贸关系，妥善应对国际贸易摩擦。加快市场多元化步伐，以新能源汽车、优质优价自主品牌汽车为重点，大力开拓新市场。疫情期间，应加强与有关国家协调，打通国际物流堵点，提高运输效率、降低出口成本。

第二，完善汽车出口管理。我国汽车出口存在扎堆竞争、打价格战等乱象，影响海外市场声誉。建议进一步规范出口秩序，发挥商协会自律作用，完善违法失信惩戒机制，防止无序竞争。改革出口许可证制度，提高办事效率。

第三，用好财税金融支持政策。扩大出口信保覆盖面，帮助企业应对订单取消、出运拒收等风险。加快健全海外金融服务体系，鼓励中资金融机构在主要出口目的地设立分支机构，创新汽车消费金融产品。

第四，加强汽车标准国际合作。这是应对国外技术壁垒、扩大汽车出口和国际化经营的关键之举。建议积极参与全球汽车技术标准和法规制修订工作，推动新能源汽车等优势技术标准成为国际标准。推进我国与重点出口市场汽车技术法规、产品监测或认证结果等方面相互认可。支持国内检测认证机构与国外相关机构加强合作，签订试验室产品检验结果认可协议。提高我国汽车产品准入管理的国际认可度。

第五，引导建立境外营销生产网络。在扩大直接出口的同时，也需着眼长远发展，积极稳妥走出去布局建设海外产销基地，扩大延伸出口。建议大力支持汽车企业在境外建设展示分拨中心、销售维修网点等，增强国际市场开拓能力。指导企业在条件具备的国家和地区，逐步建立汽车生产组装基地，从国内出口汽车散件在当地制造出口整车。

第六，培育跨国公司和国际品牌。世界汽车产业正处于结构调整期，应抓住时机综合施策，培育中国跨国汽车公司，掌控更大市场话语权，在产业重构中抢占先机。鼓励大型汽车企业联合重组和境外并购，集聚优势要素资源，加强全球研发创新，提升标准质量，健全产业链供应链，形成一批国际竞争力较强的跨国企业集团、若干国际知名度较高的中国汽车品牌。

推动外贸企业出口转内销
重在促改革、搭平台、降成本

——推动复工复产专题调研报告之十二

包益红　　陈黎明

推动出口转内销，既是当前外贸企业应对境外订单急剧下滑的迫切需要，也是未来推动内外贸一体化、提升企业发展水平的重要举措。近期，我们与有关地方、商会和企业就此进行深入访谈，了解各方看法和建议。大家反映，出口转内销存在不少难点痛点，外贸企业顾虑较多、意愿不强。表面上看，这反映出外贸企业不适应国内市场等问题。深层次看，折射出我国商业环境亟待改善，市场秩序、流通成本等问题亟待解决。

——国内销售渠道复杂。我国流通主体规模小、形式散、环节多，商品流通中多级批发、多级零售现象比较普遍，每个环节都要加价。线下销售，商家要收取进店费、宣传费、推广费、扣点、返利等多种费用。线上销售，平台企业要提成30%左右，网红带货还要另外收取高额营销费用。制造商赚吆喝不赚钱，国内零售价要定到出厂价3倍以上，工厂才可能有盈利。而发达国家销售渠道相对简单和集中，层次较少。生产成本加上海运费和关税之后，销售企业有25%左右的利润，零售价一般为出口价的2倍左右。

——**国内信用环境不佳**。外贸出口由中信保提供出口信用保险，货款回收有保障。签完订单可以拿到部分订金，货到后就可以收到尾款，基本不存在欠款问题。外贸企业转内销最担心的是收款问题，国内商家多以赊销为主，回款账期较长。在签订合同、检验产品和付款等环节常有潜规则和无理罚款。

——**经销商经营行为不规范**。国内产品供给多元、竞争激烈，一些大型商业企业、电商平台企业利用市场优势压价，采取"二选一"等有违公平竞争的行为。某外贸企业反映，尝试同国内知名连锁商场合作，但对方销售合同中硬性规定，产品不能卖给任何其他客户，并且交货和质保方面有很多不合理规定，还强行要求缴纳保证金才能开始合作。而国外很多知名品牌客户都没有这些要求。

——**知识产权保护力度不足**。有一些研发设计能力较强的出口企业，在国内电商平台有产品销售，但他们不敢把独家研制、销路看好的产品放到电商平台销售，原因是研发成本、维权成本高，而国内一些不法企业仿制成本、侵权成本很低。

——**自主品牌建设困难较大**。知名品牌是打开市场销路的重要前提。传统外贸出口企业多以代工生产（OEM）、原始设计制造（ODM）为主，产品以贴牌为主。外贸出口企业转内销后，品牌市场知名度不高，国内消费群体的认知需要逐步培育，进入国内优质零售渠道存在较大困难。

——**国内外标准存在差距**。外销产品重视团体标准、企业标准，注重"人体工程学"，对外观设计、加工制造要求较高。内销产品一般执行国标、属于基本门槛，精细化要求较低。

推动出口转内销，既需要外贸企业发挥主体作用，加快转型发展步伐，调整运营方式、推出适销对路产品，也需要政府加强引导支持，加大"放管服"改革力度，打造良好商业环境，降低转内贸各类成本，增强企业发展动力。建议重点在以下两方面着力：

一是推进流通体制改革。这是打基础、利长远的工作，有利于加快形成多业态、多元化、自由竞争市场格局。建议以推动出口转内销为契机，大力深化商贸领域改革，进一步规范秩序、提高效率、降低成本。加快现代流通体系建设步伐，充分运用大数据、物联网等新技术，创新市场流通方式，缩短供应链、物流链。根据流通业发展新形势，加快完善公平交易法规，指导有关协会建立国内贸易行业规范，进一步清理整顿大型商贸企业向供应商违规收费、拖欠货款，对平台企业借助市场优势地位收取过高费用予以整治。加快商业诚信体系建设，建立与出口转内销相适应的信用评价体系。加大知识产权保护力度。

二是加大政策扶持力度。支持外贸企业开展相关研发、技改，支持开展内贸营销体系建设、专业人才培训，支持行业组织开展生产企业、商贸企业展会对接活动。鼓励各地搭建更多产销对接平台，实现内销渠道和外销产能快速衔接。对于依据国际标准生产，且相关主要技术指标达到强制性国家标准安全要求的出口产品，暂允许在国内生产销售。立足于满足消费多样化需求，加快国际标准与国内标准的转换，研究引入发达国家高水平行业标准，提升我国国家标准、行业标准国际化水平，推动境外消费转为境内消费。研究支持保税区内加工贸易商品通过跨境电商进口渠道转内销，缓解相关企业订单下降压力。

附件：

表1 内外贸各环节对比表

	外贸	内销
结算	国际结算周期短、有保障	国内结算周期长、欠账多
税收	有出口退税等支持	无退税，缴纳增值税等
物流	FOB方式较多，运至指定港口即可	物流费用较高
仓储	工厂基本仓库	工厂基本仓库、经销点仓库
包装	多为境外客户定制或贴牌，按要求简单包装	厂名厂址、条形码、合格证、标准、检测报告等要素齐全
销售	一般由境外客户负责，销售环节较少、成本较低	国内销售环节复杂，各类收费既多又乱
宣传	一般由境外客户负责，基本不需要打广告	需要各领域、各维度宣传，广告费用高
售后	多为境外客户负责	需要完善的售后体系，售后服务频率高、成本高

表2 内外销成本费用对比表（单位：万元）

	设计研发	营销推广	仓库	售后	人力成本	其他
内销	15	15	20	5	40	招待费3—5
外销	5	8	15	2	10	——

备注：以毛巾为例，按销售额500万元测算。

物流业支持政策落实情况及建议

——推动复工复产专题调研报告之十三

刘若霞

今年以来国务院及各有关部门出台了一系列支持物流业的政策，近期，我们同相关协会对政策落实情况进行了专题调研，现将有关情况汇报如下。

一、政策落实总体情况较好

截至6月底，国务院及有关部门出台的涉及物流业的相关政策文件共计47个。企业反映，大部分已得到有效落实。总的看，普惠性政策落实较好，但一些定向性政策落实不到位，面向大型企业的政策落实较好，但中小企业获得感有待提高。

企业反映实施效果较好的政策有：一是高速公路免费通行政策。这是物流企业反映惠及面广、影响较大的政策利好。超过

89%的调查企业认为阶段性免收收费公路车辆通行费对企业复工复产有影响，其中，24.8%的企业认为影响很大。二是取消高速公路省界收费站政策。86.7%的企业认为通行环境好转，有效缓解了高速公路车辆通行问题。三是社保公积金减免缓缴政策。86.3%的企业享受到了减免或缓缴"五险一金"政策。企业反映，相关政策降低企业负担应缴社保费用的78%，相当于降低10%—15%左右的人力成本。此外，部分企业表示还获得地方政府稳就业奖补贴、特殊疫区籍贯员工的稳岗奖补贴、劳动力返岗包车费补贴、防疫核酸检测费用报销等。

二、落实中存在的问题及原因

一是政策门槛较高。根据《关于打赢疫情防控阻击战 强化疫情防控重点保障企业资金支持的紧急通知》，对道路运输企业提供优惠贷款财政贴息政策。调查显示，20%的企业享受或部分享受到财政贴息资金支持。不少企业反映，享受该政策需进入"防疫重点企业"名单，但认定范围偏窄；有的虽已进入工信部名单，但没有列入人民银行名单；即便列入名单还需要担保；即使拿到额度，也有使用范围的限制等。

二是实施细则缺失。企业反映，国务院联防联控机制举行新闻发布会提出，对疫情防控期间执行应急运输任务的道路运输企业，给予相应财政补偿。但缺乏细则，比如运输和安装CT机，运送负压救护车等是否应该纳入，地方执行情况不一。目前，部分地方大型物流企业处于申请状态，一些中小物流企业尚不了解该项政策。

三是覆盖范围有限。《关于对中小微企业贷款实施临时性延期还本付息的通知》提出，对于 2020 年 1 月 25 日以来到期的困难中小微企业（含小微企业主、个体工商户）贷款本金，银行业金融机构应根据企业延期还本申请，结合企业受疫情影响情况和经营状况，通过贷款展期、续贷等方式，给予企业一定期限的临时性延期还本安排。调查显示：享受该政策的企业仅占 11.4%。以自有车辆经营的物流企业多数享受到了该政策，降低了用车成本。但大部分中小物流企业和个体司机通过融资租赁等方式贷款购买车辆，不能享受该政策，偿债违约风险不断累积。

四是可操作性不强。《关于支持新型冠状病毒感染的肺炎疫情防控有关税收政策的公告》提出，对纳税人运输疫情防控重点保障物资取得的收入，免征增值税、免征城市维护建设税、教育费附加、地方教育附加。企业反映，免征增值税只能开具增值税普通发票，由于增值税普通发票不能计入进项抵扣，客户不同意接收增值税普通发票。该项政策对于物流企业来说实际操作较难。

五是执行标准不一。目前，货车收费方式由原来的计重收费改为按车型（轴）收费，并同步实施封闭式高速公路收费站入口不停车称重检测。调研显示，96.7% 的受访者对"入口治超"表示支持，但对于货车外廓尺寸超限行为，尚没有明确的执法标准和统一进度，一些地区已经开始对超限运输车辆进行查处，导致企业无所适从，亟待予以协调解决。

三、几点建议

目前物流业恢复总体情况较好，但仍面临订单需求不足、资金占压成本较大、国际供应链风险较高等困难。应对前期出台的政策落实情况进行效果评估，及时调整优化，疏通政策传导和执行过程中难点堵点，切实解决物流企业遇到的困难。

一是对实施效果好的政策进行梳理总结，制定下一步方案。企业反映较为集中的是，延长"五险一金"减免和缓缴实施期限，进一步降低公积金缴存比例，对于裁员率较低的企业加大失业保险返还力度。

二是研究细化政策实施细则，充分听取物流企业意见，跟踪了解企业对落实情况的意见反馈，合理设置或调整政策门槛、条件等，制定更加符合企业实际操作情况、更有针对性的措施。

三是制定统一执行标准，尽快制定发布货运车辆超限运输治理方案，明确货运车辆超限认定标准，留出合理过渡期，在全国范围统一部署。对于通行费标准偏高的车型、省份和路段，研究适当调整收费标准，扩大差异化收费覆盖范围，对于空车适当调低通行费率。

四是破除增值税减免瓶颈制约，研究将交通运输物流业税目纳入增值税加计抵减政策范围，允许开具增值税专用发票。研究落实物流业运输、仓储、配送、收派服务等增值税统一税率政策，简化征管程序，降低物流企业税负。

二、助力市场主体纾困发展

建议从制度层面进一步完善
小规模纳税人增值税政策

刘军民

量大面广的中小微企业是稳就业、保民生的重要支撑。为加大对中小微企业扶持并促进税负公平，有必要从制度层面进一步完善小规模纳税人增值税征收率等政策。

一、制度性降低小规模纳税人增值税征收率

对小规模纳税人实行简易征收办法是我国增值税制度的重要内容。1994 年实施的增值税暂行条例规定，对小规模纳税人实行按销售额和征收率计算应纳税额的简易征收办法，征收率为 6%。此后，小规模纳税人增值税征收率曾两次下调。1998 年，商业企业小规模纳税人征收率由 6% 下调至 4%，生产企业征收率维持6% 不变。在 2009 年实施的增值税转型改革中，6% 和 4% 两档征收率统一调整为 3%。

从横向比较，部分小规模纳税人 3% 征收率的实际税负相对

偏重。近年来，我国接续推进增值税转型和营改增改革等重大税制改革，将固定资产、建筑不动产、外购服务等项目纳入抵扣范围，一般纳税人的增值税总体税负有了明显降低。2018年5月1日，制造业等行业一般纳税人的增值税税率从17%下调为16%、交通运输业等行业从11%下调为10%。2019年4月1日，上述两档税率进一步分别降至13%和9%，一般纳税人获得较大幅度的减税。某省税务部门统计分析一般纳税人增值税行业税负情况显示，在96个行业大类近1600个品目中，仅253个品目的税负率超过3%，占比不足16%，主要集中在矿采选、家具、饮料食品制造等增加值较高或进项抵扣较少的行业。在此期间，小规模纳税人征收率维持不变，未能同步享受减税降费政策红利，其税负出现相对加重效应。

从纵向来看，维持3%的征收率使小规模纳税人实际税负感加重。在一般纳税人和小规模纳税人两种不同计税方法下，税负差异主要取决于增值率。当增值率为23.08%时，假设纳税人销售货物100元（不含税）时发生进项成本76.9元，这时无论是按一般纳税人的销项税减进项税方法计算（100×13%—76.9×13%），还是按小规模纳税人3%的征收率方法计算，纳税人需缴纳的增值税均为3元，即达到税负平衡。若纳税人进项成本大于76.9元，即增值率低于23.08%时，按3%征收率计算的税负就要大于按一般纳税人13%抵扣税率计算的税负。假设纳税人销售额100元的进项成本为85元，即增值率为15%时，按一般纳税人的抵扣计算办法需缴纳增值税1.95元，但按小规模纳税人的简易计税办法则需缴纳税款3元，税收负担率增加35%。可见，对于增值率较低的行业，小规模纳税人的实际税负要显著高于一般纳税人。近年来，随着经济下行压力持续加大，特别是在小规模纳税人较为集中的食品加工、商贸零售、餐饮服务业等领域，市场竞争日益激烈，行业增值率趋于下降。根据国家统计局公布的投入产出表计算，2002 年到 2017 年，水产品加工业增值率从 25% 降至 18.5%，餐饮业增值率从 39.2% 下降至 34.5%，纺织服装服饰业增值率从 27.1% 降为 18.3%，建筑安装业增值率从 26.6% 降为 23.8%。在 3% 征收率不变的情况下，随着行业增值率下降，一些行业的中小微企业税负感受有所加重。

今年以来，为缓解新冠肺炎疫情对中小微企业的冲击，2 月 25 日国务院常务会决定，自 3 月 1 日至 5 月底免征湖北省境内小规模纳税人增值税，全国其他地区征收率由 3% 降至 1%；4 月 30 日财政部税务总局发布第 24 号公告，明确政策实施期限进一步延长至今年年底。这项政策十分及时、非常必要，有利于中小微企业分享国家减税降费的政策红利，也有利于助其加快复工复产、稳住就业、渡过难关。但上述政策只是疫情防控期间的阶段性政策。鉴于小规模纳税人相对一般纳税人存在税负偏高的制度性失衡问题，同时行业增值率下降是长期性趋势，有必要将阶段性降低征收率政策制度化长期化。

二、将起征点改为免征额

2018 年，我国大幅提高了增值税起征点，从按季销售额的 9 万元提升至 30 万元，大量小微企业因此享受到免征增值税的实惠。但也要看到，在全额征收制下，提高起征点客观上造成了更大的税负"悬崖效应"。按 3% 的征收率计算，提高起征点后，年应税销售额在 120 万元临界点上下的纳税人的税负差异将从此前的 1.08 万元扩大到 3.6 万元。这导致现实中越来越多的纳税人采取业务分拆、注册多个子公司等方式来避税甚至逃税，造成国家税收流失。

对此，建议将起征点改为免征额，只对超出免征额的部分按征收率进行征税。具体操作上，可在按实际销售收入计算应缴税额时，准予小规模纳税人按月扣减税额，"扣减税额 = 免征额 × 征收率"。通过施行起征点改免征额政策，能有效避免起征点上下税负差距悬殊的问题，更好体现税负公平性原则，也有利于进一步减轻小企业税收负担、降低税收遵从成本，激发微观主体活力。

三、降低小规模纳税人增值税征收率不会导致财政大幅减收

目前全国小规模纳税人有 5100 多万户，占全部增值税纳税人户数的 78%，但小规模纳税人一年缴纳的增值税收入仅 2000 亿左右，减按 1% 的征收率征税后，4 月减收大约 80 多亿元，预计全年将减收 1000 亿元左右，不到全部增值税收入 6.2 万亿元的 2%。要看到，降低征收率、改起征点为免征额，有利于减少重复征税因素，更加符合社会化分工协作日益深化细化、增值率趋于下降的实际情况，是放水养鱼之策，必将极大激发中小微企业活力，催生更多市场主体，扩大增值税税基。降低征收率也缩小了增值税起征点上下的税负差距，有利于提高税收遵从度，一定程度上可抵消征收率降低带来的财政减收，辅之以科学有效的征管措施，可能使征税收入不降反升。

综上，建议结合推进增值税立法进程，将目前阶段性降低小规模纳税人征收率的政策制度化长效化，并实施免征额的办法，以创造更加宽松和公平的税收政策环境，为中小微企业发展稳预期、增信心。

建议全面推广中期流动资金贷款业务 提高制造业中长期贷款占比

杨诗宇　　邓林

在制造业企业受新冠肺炎疫情影响资金链更加紧张的情况下，合理的融资期限对于企业稳定生产、稳定预期十分重要。目前，银行业机构发放的制造业流动资金贷款期限以 1 年以内为主，导致企业短贷长用、资金错配和频繁续贷的现象十分普遍。这既不利于稳定企业生产经营信心，也增加了企业资金链断裂风险，还产生了额外的资金周转成本。在广泛开展访谈、调研的基础上，我们建议 2020 年全面推广中期流动资金贷款业务，以解决制造业企业经常性贷款周转的问题，增加制造业中长期融资。

一、中期流动资金贷款能有效解决制造业企业传统融资的"痛点""难点"

制造业企业对中长期资金的需求是客观存在的。与固定资产贷款相比，获得流动资金贷款对企业盈利能力、产业属性、抵押物水平等方面要求相对较低。东部一些省份在2019年已试点推广1—3年期（不含1年内）中期流动资金贷款业务，为企业提供更长期限、更加稳定的生产经营资金，有效改善了制造业企业融资状况。

一是匹配企业生产回款周期，解决"短贷长用"产生的期限错配问题。船舶建造、特种设备制造等不少制造业企业，从购买原材料、生产制造到最终销售交付，正常的生产经营周期以及应收账款、存货周转时间超过1年甚至更长时间。1—3年期（不含1年内）中期流动资金贷款可以更好地匹配企业生产周期。比如，浙江某从事液压元件生产的公司，产品主要面向国内外工程机械生产商，生产周期长，同时原材料储备还占用大量资金，实际流动资金需求与短期流动资金贷款存在较为严重的期限错配问题。为支持企业发展，某国有银行根据该企业生产周期、资金回笼特点，配套发放2000万元3年期中期流动资金贷款，有效解决了企业资金期限错配问题。

二是免除企业续贷、周转之忧，减轻经常性的还款压力。提前囤货、长期垫资等情况在制造业较为常见，一些企业虽然生产周期在1年以内，但是由于上下游结账周期长等原因，回款周期短则1年、长则2年。通过发放中期流动资金贷款，可以让企业从频繁续贷周转中解脱出来，集中更多精力专注于生产经营。比如，浙江某从事特种超微粉碎设备研究制造的企业，生产周期一般只有3—6个月，但由于工程项目付款方式等原因，企业从接到订单组织生产到全额收回货款的周期一般为2—3年。根据其经营特点，某股份制银行为该企业发放了250万元的3年期中期流动资金贷款，减轻了企业资金压力。

三是提供"微技改"投入，助推企业加快转型升级步伐。对于厂房建设、大型机器设备购置等信贷需求，可以通过固定资产贷款予以支持。但是实践中，中小微企业开展"微技改"和零星购置小规模设备时，更倾向于使用灵活的流动资金贷款。这既可以弥补企业经营周转的经常性资金缺口，也有利于加快厂房建设及购置新型设备。比如，生产柱面镜（激光器相配套的光学器件）的某光学公司，购买新厂房后，还面临设备调试改造、扩大产能的需求，由于光学领域原材料采购利润产生周期较长，流动资金较为短缺。某城商行根据企业实际需要，发放了700万元的3年期中期流动资金贷款，有力支持了企业转型升级。

二、推广中期流动资金贷款面临的主要困难和障碍

1—3年（不含1年内）中期流动资金贷款并不是一个新的贷款品种，但在实际操作中占已发放流动资金贷款的比例却比较低。调研发现，影响中期流动资金贷款投放的因素主要有以下三方面。

一方面，现有监管政策一定程度制约了中期流动资金贷款投放。原有政策要求中长期贷款的本金要实行分期偿还，每半年就要还本付息一次。由于没有区分固定资产贷款还是流动资金贷款，因此在实际执行中，流动资金贷款还款也要参照执行。半年起就开始偿还本金的规定降低了中期流动资金贷款的周转效率，提高了企业的使用成本。比如，某企业反映，虽然其获得了3年期流动资金贷款，但在半年后就要先归还其中六分之一的本金，导致不得不再去申请其他短期贷款以缓解资金压力。

同时，大多数银行目前仍然使用监管部门推荐的流动资金缺口测算模型，但由于近年来制造业企业财务结构发生较大变化，如完全照搬使用该模型，容易放大评估结果与企业实际财务状况

的差距。比如，该模型没有考虑应收票据、其他应收等流动资金科目，但近几年企业这些科目的占比往往很高。不少一线信贷审批人员认为，如果企业存货和应收账款周转天数较长，从评审角度是可以给予中期流动资金贷款的，而根据该模型计算则不能放款。又比如，该模型对企业自有资金等关键指标没有作出解释，也会造成测算误差。有银行反映，如果制造业企业使用自有资金投资机器、厂房等，模型测算出来的流动资金需求会非常小甚至为负。

另一方面，银行从风险管控的角度倾向投放短期流动资金贷款。贷款期限的延长增加了资金监控和贷后管理的难度，对银行业机构的风险管控能力提出了更高的要求。特别是在经济出现下行压力时，银行更倾向于给制造业企业发放短期流动资金贷款，以减少贷款损失风险。一是认为当前制造业贷款不良率相对较高，应适度抬高信贷门槛。某国有大行中部某省分行信贷人员说，本省制造业企业不管规模多大，流动资金贷款都是以1年期为主，即使有一些授信2年，也要求1年到期还款后再续贷。现在一些地区监管部门鼓励做1年以上的流动资金贷款，但银行自己也有名单管控，主要还是投放给国有企业。二是认为贷款期限短，发现问题后可迅速抽贷脱身。某沿海城市股份制银行工作人员反映，当地不少制造业企业特别是小微企业的平均生命周期不到3年。现在传统制造业变化大，如果贷款时间太长，银行需要花费更多精力去跟踪企业经营情况。三是从商业银行自身资产负债管理角度看，短期贷款与短期负债更为匹配。商业银行负债端还是以居民存款为主，其中短期和活期存款居多，发放1年期流动资金贷款可以降低银行流动性管理难度。

另外，少数企业出于降低融资成本的考虑选择短期流动资金贷款。由于中期流动资金贷款期限较长，对应的基准利率、期限溢价也相对较高，一定程度上增加了企业的融资成本。有企业反映，如果综合融资成本上升较多，还是倾向于选择短期流动资金贷款来维持企业生产经营。

三、政策建议

由于固定资产贷款要对应固定资产投资项目，当前通过增加中期流动资金贷款提高制造业中长期融资占比，具有较强的可行性。我们建议全面推广中期流动资金贷款业务，以解决企业短贷长用、资金错配、因疫情影响回款紧张等问题，更好满足企业中长期流动资金需求。

一是优化监管引导信贷投放。 通过窗口指导、细化监管考核指标等方式，推动制造业中期流动资金贷款"增量扩面"，要求全国性银行业机构在差异化审批授权、风险容忍度以及信息系统模块等方面制订实施切实可行的工作推进方案，确保2020年制造业中期流动资金贷款增速不低于全部贷款增速。明确取消中期流动资金贷款半年至少还款一次的政策限制，将贷款是否合理匹配企业生产经营周期作为主要判断标准。督促引导银行业机构健全尽职免责制度，提高发放中期流动资金贷款的积极性。同时做好宣传工作，通过金融政策宣讲会、银企对接会、上门宣传等，让更多企业及时了解新政策。

二是提升信贷风险管控能力。 指导银行业机构健全配套制度，根据制造业企业信贷需求，选择更加客观的资金缺口测算模型，优化期限管理和还款方式，支持信用状况良好的企业融资。针对中期流动资金贷款业务关键风险特征，提升授信准入、审批决策、贷后管理等方面精细化管理水平。在贷前调查上把好准入关，合理测算企业资金需求。改进贷后管理手段，加强监测分析，通过互联网、大数据多维度交叉验证客户信息，推动风险管理从被动向主动转变。

三是创新中期流动资金贷款模式。当前不少银行出台了中期流动资金贷款指导意见或管理办法，探索了年审制、预审制和循环式等新产品新模式，减少了不愿发放中期流动资金贷款的顾虑。可充分总结成功经验做法，引导银行业机构创新信贷机制和信贷模式，更好满足制造业企业需求。比如，某股份制银行推出的"年审贷"，授信有效期3年，1年后无需重新申请，由银行对企业进行评估后，决定延续原授信方案还是压缩授信额度。又比如，某银行推出预审制模式流动资金贷款，银行业机构与借款人在贷款合同中协商预审标准。贷款到期前仍有融资需求的，银行提前进行预审。如基本面未发生明显负面变化则确保续贷，利率按相对较低的1年期基准利率执行。还比如，东部某省信用联社带领辖内机构积极推广循环贷。企业可在3年内多次提取、随借随还、循环使用贷款额度，满足了小微企业资金使用灵活的需求。

信用贷、首贷、无还本续贷落实进展不一 需进一步完善相关支持政策

宋立　　袁鹰　　杨祎

《政府工作报告》要求强化对稳企业的金融支持，鼓励银行大幅增加小微企业信用贷、首贷、无还本续贷。2个月过去了，落实情况怎么样，有没有问题和困难？近期，我们选取部分大型银行、中小银行和互联网银行进行了电话和视频调研。总体看，信用贷占比有所提高，大部分银行无还本续贷落实较好，首贷拓展有一定成效，但"三贷"落实中仍然存在不少制约因素，需进一步加大工作力度，细化完善相关政策措施，推动银行提高小微企业金融服务精准性。

一、信用贷占比有所提高，数据整合仍是难点

截至6月末，小微企业信用贷余额5.1万亿元，同比增长19.8%，占比12.7%，同比上升0.8个百分点。主要原因：一是"信用贷款支持计划"一定程度鼓励了中小银行信用贷投放。一个月

内支持了 1598 家地方法人银行，促其向 109 万户企业发放普惠小微信用贷 160 万笔，总计 1326 亿元。二是金融机构内部考核力度加大。建行某分行反映，今年将小微企业信用贷占比纳入二级行的绩效考核。截至 6 月底，该分行普惠小微信用贷占比达到 50%，同比提升 7 个百分点。三是互联网银行在疫情、防汛期间加大对小微客户"无接触"贷款支持力度。但也需重视的是，增加信用贷面临一些制约因素：

一是风险分担机制缺失，限制了"信用贷款支持计划"的作用。银行普遍反映，信用贷款支持计划"购买"的信贷资产不出表，坏账损失仍由放贷银行承担，无法有效提升银行风险偏好，制约了银行扩规模的积极性。此外，央行给予的资金激励仅为一年，银行发放的信用贷也大多为一年，普遍反映期限过短，企业特别是制造业企业大多需要 3—5 年的中长期贷款。

二是小微企业信用贷管理成本较高。中小银行风险管理手段和技术能力有限，线下放贷流程耗时长、成本高，小微企业信用贷单笔金额小、经营成本占比高，也制约了银行发放信用贷的积极性。业内人士建议，对中小银行发放信用贷宜加大激励引导力度，不宜硬性考核，否则容易导致"垒大户"行为，对头部小微企业多头重复发放信用贷，不仅无法"扩面"，还易引发过度授信风险。

三是银行获取企业信用数据难。中小银行普遍反映，信用贷最突出的困难是"数据鸿沟"。特别是城商行、农商行等数据获取能力和渠道有限，存在数据不足、客户画像不精准等问题。小银行自身积累较少，购买外部商业性数据成本太高，需要依赖政府整合公用事业数据。但目前大部分地方这方面工作进展缓慢，存在信息"贵""缺""断"等问题。某民营银行高管直言，向政府部门查询企业信息是个"痛苦的过程"。

二、首贷开发情况分化，面临多方面障碍

大型银行有明确的量化考核目标，落实积极性较高，大多对分支机构设立了分解指标，有的还设立了"首贷岗"，专门开拓首贷客户。截至6月末，5家大型银行累计开发小微法人首贷户8.95万户（不包括个体户和小微企业主）。中小银行落实情况不理想，大多没有制定专门的业务规划，首贷户拓展进展较慢。

一是小微企业贷款收益和风险难以平衡，影响银行积极性。今年以来，贷款市场利率连续下调，而存款基准利率并未下调，利差显著收窄，有银行反映小微企业贷款基本是"做一笔亏一笔"。中小银行自身实力较弱，拓展小微企业首贷客户内在动力不足。

二是大型银行抢抓优质潜在客户，对中小银行存在"挤出效应"。中小银行反映，大中型银行凭借自身优势抢抓潜在优质客户，在一些地区甚至打"价格战"抢客户，中小银行只剩下资质偏弱的客户。市场竞争虽然有利于降低小微企业的总体融资成本，但同质化竞争加大了中小银行发展首贷业务的困难。

三是企业经营环境恶化，融资需求减少。相关调查显示，近一半中小企业反映国内订单减少10%以上，出口订单指数降至42.6%。小企业PMI48.9%，比5月下降1.9个百分点。不少小微企业经营困难、收缩规模，融资需求减少，有的企业甚至选择提前还款，中小银行开发首贷面临需求约束。

四是宣传和主动服务针对性不足，很多未贷款企业不了解新政策。虽然宏观政策上的宣传较为充分，但对基层和小微企业推送不够，长期形成的银行贷款门槛高、难度大的印象没有改变，很多企业并不知道有哪些新政策、新服务。调查显示，51.8%的小

微企业主在面临资金缺口时，都没有第一时间考虑银行贷款，觉得自己达不到要求，不愿"费事"找银行。

三、大部分银行落实无还本续贷较好，但相关统计和考核政策有待完善

银行反映，无还本续贷主要针对的是存量客户，资质相对较好，只要能够正常经营，都愿意给予续贷。截至6月末，银行业金融机构对小微企业贷款实施无还本续贷1.75万亿元，同比增长20.69%。但也有中小银行反映，无还本续贷实际金额大于统计数据，现行考核不准确。

一是统计口径未能反映真实续贷情况。为了满足小微企业中长期资金需求，一些银行将授信期限由一年改为三到五年，但出于贷后管理和风控的需要，企业用款需一年一审，借据一年一签，企业只要正常经营，授信期内均可续借，这种情况实质上也是无还本续贷，但目前并没有纳入统计。

二是延期还本付息政策存在一定替代效应。由于延期还本付息政策延长到明年3月底，且"应延尽延"、手续简便，实际上相当于给予了企业一次性的便捷无还本续贷，使得申请无还本续贷的企业减少。

四、相关政策建议

一是加大监管督导力度。加强对大型银行的指导，推动其充分发挥"头雁效应"，强化对困难的尾部小微企业的支持，避免无序竞争和对中小银行的挤出效应。指导中小银行制定信用贷、首

贷、无还本续贷年度规划，并适当分解落实到各分支机构。

二是加强小微企业金融服务新政策的宣介。金融管理部门派出机构应联合地方政府，总结一批当地银行强化小微企业金融服务的典型案例和优质产品，开展针对性宣传和推广，让企业和大众充分了解并用好用足新政策，特别是消除未贷款企业的信息盲区。

三是进一步完善差异化再贷款支持政策。在额度上，加大对小银行的倾斜力度，将民营银行纳入支持范围，缓解其负债成本压力，增强服务小微企业能力。在利率上，对"三贷"落实情况较好的中小银行，可考虑适当放宽使用再贷款的利率上浮限制。

四是调整完善"普惠小微企业信用贷款支持计划"。可考虑的措施有：将再贷款支持期限由1年调整为2—3年；引导银行对企业信用贷本金实行分期偿还，合理设置各年度本金偿还比例；适当调整银行和央行风险分担比例，必要时由央行承担一定风险损失。

五是加快推进信用信息整合开放。这项工作不宜再拖，今年应有实质性进展。压实主体责任，"块块"管理的，由省政府牵头整合；"条条"管理的，由主管部门牵头整合，尽快破除信息孤岛、打通数据鸿沟，为银行运用大数据技术拓展客户、评估风险、扩大信用贷投放奠定基础。

六是推动科技赋能中小银行，提高信用贷投放能力。支持中小银行在依法合规前提下，与金融科技公司合作搭建大数据风控系统，与外部机构合作开展联合贷款。按照最新出台的《互联网贷款管理办法》，界定好银行和科技公司的权利义务边界，压实风险管理责任，促进互联网联合贷款健康发展。

七是完善相关统计和考核政策。将延期还本付息的小微企业贷款纳入无还本续贷统计，将授信期内的续借也视作无还本续贷，真实反映银行实际续贷情况，并调整完善相应的考核指标，提升银行积极性。

延期还本付息政策即将到期
建议以市场化无还本续贷方式平稳过渡

杜庆彬

为应对新冠肺炎疫情冲击，缓解企业资金压力，今年我国加大对市场主体的金融支持，其中一项重要政策是对中小微企业贷款实施阶段性延期还本付息，最长期限至2021年3月31日。当前，我国经济正在稳定恢复，但中小微企业和个体工商户面临的困难依然较多，生产经营改善普遍不如大型企业，资金链紧张问题依然突出。下一步如何实现"延期还本付息"政策平稳有序退出，关系到量大面广的中小微企业、个体工商户的生存发展和内生动力恢复。综合权衡，建议聚焦中小微企业和个体工商户，更加注重采取市场化、法治化方式完善金融扶持政策，用"无还本续贷"方式替代即将退出的"延期还本付息"政策，既着力缓解中小微企业和个体工商户资金压力，又及早稳定企业市场预期，帮助他们稳步恢复发展。

一、以市场化"无还本续贷"方式替代"延期还本付息"既具有多重效果，也具备现实条件

截至 2020 年 10 月末，我国延期还本付息贷款总量已达到 4.6 万亿元，全年可能超过 6 万亿元。这在有力缓解企业资金压力的同时，也可能导致明年贷款集中偿还、增加潜在违约风险等问题。企业与银行之间的信贷关系属于市场行为，正常按时付息符合金融市场契约精神。在宏观经济逐步稳定回升的条件下，在退出延期还本付息政策过程中，可以采取"无还本续贷"方式进行替代，实现平稳过渡。主要原因包括：

（一）"无还本续贷"可以缓解明年初企业集中还款和银行集中放款"双碰头"的压力。明年初，随着延期还本付息政策的到期，企业将集中偿还贷款本金和利息。如果不采取有效办法，可能会导致大量企业集中从市场上筹资还贷，推高资金成本。同时，银行集中回笼大量资金后，也需要开展大规模放款，工作量的剧增将影响银行放贷的时效和节奏。鼓励银行采取"无还本续贷"方式，经营主体不需要筹资还本金，银行也不需要大量回笼资金，这既能缓解中小微经营主体的资金压力，也可使银行更好把握放贷节奏，提高贷款投放效率。

（二）"无还本续贷"可以有效防范不良贷款风险。"延期还本付息"政策是应对疫情冲击的阶段性、临时性政策，与常态化市场化履约和金融监管存在一定矛盾，也容易增加金融风险。相对于"延期还本付息"政策，"无还本续贷"方式不要求企业偿还本金，但每月利息要正常支付，企业偿还资金压力较小。银行也能通过监测利息支付情况，动态了解企业生产经营状况，减少不良贷款损失。同时，推行"无还本续贷"，银行可以灵活设置贷款期

限，创新贷款产品，丰富还款结息方式，为各类客户提供更加多元、更有针对性的金融服务。

（三）"无还本续贷"具备大规模开展的条件。2014年，原中国银监会印发《关于完善和创新小微企业贷款服务、提高小微企业金融服务水平的通知》，专门对续贷业务进行规范。随后，各地区、各银行业金融机构围绕"无还本续贷"积极探索，不少已经摸索出行之有效的经验做法。这次应对疫情冲击过程中，为落实"延期还本付息"政策，有关部门创新货币政策直达工具建立激励机制，各银行业金融机构创新延期金融产品和服务，有的银行就采取了"只还利息、不还本金"的"无还本续贷"方式，为更大范围开展"无还本续贷"积累了经验。所以，这种替代政策具备大规模开展的条件。

二、建议多措并举支持银行业金融机构开展"无还本续贷"业务

"无还本续贷"是更加市场化、法治化的金融支持方式，该业务推行6年多时间，始终没有大规模展开，其中既有外部信用体系不完善、风险补偿不足等原因，也有内部规范不明确、激励机制不健全等因素。具体建议如下：

（一）提前研究明年一季度集中到期贷款"无还本续贷"操作办法，实现政策平稳衔接。建议相关部门尽早研究明年无还本续贷操作指引，指导银行业金融机构制定具体操作办法并作出预案，明确"依法合规""经营正常""财务状况良好"等续贷条件，进一步优化审批流程、缩短审批时限，提前进行尽职调查，使符合条件的续贷申请尽快获得批复。相对于"延期还本付息""无还本

续贷"业务更加市场化，方法也更加多样灵活，建议赋予地方和银行一定自主权，鼓励他们结合实际创新方式，积极探索。

（二）调整完善"无还本续贷"风险分级、尽职免责等规定，有效激发银行的积极性。按照目前贷款五级分类的规定，无还本续贷一般被列入"关注类"贷款。建议尽快把符合条件的无还本续贷明确为"正常类"贷款，使金融机构开展业务有法可依、合规办理。在尽职免责条款中，明确开展小微经营主体无还本续贷业务的具体尽职要求和免责事由，打消一线业务人员的顾虑。同时，对业务开展较好的银行业金融机构，建议通过增加信贷额度、加大奖励力度、绩效考核倾斜、利润损失补偿等方式予以支持。

（三）将目前激励延期还本付息的政策调整为激励"无还本续贷"，保持政策支持力度。今年，有关部门创新货币政策直达工具，对地方法人银行办理的延期还本普惠小微贷款给予奖励，额度为贷款本金的 1%，该政策适用于 2020 年 6 月 1 日至 2020 年 12 月 31 日期间到期的贷款。这对调动地方法人银行积极性、落实延期还本付息政策发挥了积极引导作用，但政策适用期限只有 7 个月，且即将到期。建议该项激励政策到期后，将其调整为对地方法人银行开展无还本续贷业务给予奖励，额度仍为普惠小微贷款本金的 1%。也可以考虑将"无还本续贷"与"中长期贷款"激励政策适当结合，鼓励银行根据企业经营状况和实际需求，在风险可控的前提下，将短期贷款转换为中长期贷款。同时，建议尽快研究论证相关政策，力争在年底前对外发布，稳定市场和企业预期。

（四）综合运用征信系统和金融科技等手段，提升"无还本续贷"的风险防控能力。针对可能延后的不良信贷，建议运用第二代征信系统，支持地方政府将小微经营主体的纳税、水电气费、进出口报关、行政处罚等相关数据，适度向银行业金融机构开放，促进互联互通和信息共享，加强风险识别，推进信用联合惩戒，防范恶意逃废债等行为。同时，适度提高小微企业不良贷款容忍度，加大坏账核销力度，完善风险补偿机制，防范不良贷款风险。

防止中小企业宽带提速降费红利"被截留"

李钊　　刘若霞

近日记者调查发现，部分工业园区、商业楼宇的宽带"终端价格"依然居高不下，中小企业报装办理电信运营商宽带套餐受层层阻挠，物业公司、代理商成网络提速降费"肠梗阻"。有关部门曾就此开展专项整治，但目前尚未得到根治，企业宽带接入仍存在不少"猫腻"。

一是排他协议成"拦路虎"。宽带线路进入企业需要通过园区、楼宇的管道，只要物业不同意，电信运营商就进不来。虽然有几家电信运营商提供网络服务，但部分园区和商业楼宇往往在建设初期就选定一家运营商或代理商，并签订协议阻止其他运营商进入。据报道，某工业园内有200多家企业，其中一家网络公司作为联通代理商垄断了园区宽带业务，想要办理其他运营商宽带业务比较困难。

二是依托垄断定价高。一些代理商凭借与物业公司签订的垄断协议"上位"，不在提高网络速率、稳定性及维护服务等方面下功夫，只是从运营商那里"承包"宽带，再高价转卖给中小企业。企业反映，某大厦宽带业务由指定网络代理商提供，20 兆带宽一年 6000 元，网速特别慢，"连日常网银支付都满足不了"。某写字楼提供的 10 兆带宽企业专线一年缴费近 2 万元，而公司 100 兆带宽仅需 2000 多元。

三是巧立名目乱收费。有的物业"两头"收费，一边向运营商收取入场费、弱电管井占用费、施工监管费等；一边以通信网络不全为由，或让入驻企业重新"走"线路，指定相关公司施工、收取一笔施工费用，或以楼层端口不够等为由向企业收取额外的端口费。记者了解到，在东部某高科技园区，企业接入一根宽带或光缆，物业要收取 2000 元管道占用费，若企业直接找运营商接入宽带，每年加收 2 万元的线路维护费。

四是验收监管不到位。国家《综合布线系统工程设计规范》自 2017 年 4 月 1 日起实施，明确了商务楼宇的光纤到户设计标准和要求，但此前立项建设的商务楼宇并未纳入约束范围。在项目竣工时，也存在对宽带接入验收检查不严格，对违规行为查处力度不大等问题，未能保障各企业平等接入、用户自由选择的权利。

受访企业呼吁，规范园区和商务楼宇宽带接入服务，打通提速降费的"最后 100 米"，让中小企业真正享受到网络提速降费红利。我们建议：一要规范新建商务楼宇、园区等宽带接入，严格落实光纤到户通信设施国家标准，从源头上打破宽带垄断。二要加强行业监管，规范基础电信运营商、网络代理商宽带业务，避免签订排他协议等不正当竞争行为。三要开展多部门联合检查，依法依规严肃查处物业公司、代理商等宽带接入垄断行为，禁止物业向运营商、企业收取不合理费用。四要建立投诉和反馈机制，加大政策宣贯力度，强化社会监督。

创业企业呼吁允许企业暂时"休眠"

王晓丹

近年来，我们通过鼓励"双创"和深化"放管服"改革，推动大量市场主体应运而生，其中绝大部分是小微企业，对活跃经济、促进就业发挥了重要作用。然而受新冠肺炎疫情冲击影响，不少创业企业虽然前景看好，短期内却面临较大经营压力，有的不得不暂时关停歇业。近期，我们对一些地方的创业企业和创业服务机构进行了电话调研，部分创业企业提出希望允许企业"休眠"以抵御市场"寒冬"。

一、大量小微创业企业面临关停

从调研情况看，创业企业特别是小微企业抗风险能力较弱，在疫情影响下至少将有20%的创业企业被迫停工停业，甚至可能发生较大规模的倒闭潮。其中某地一个联合办公场地统计的250家企业中，目前已经注销53家、吊销21家、准备注销2家、可能被吊销2家；尚在正常状态的企业中30%以上零收入。某地一家创业基地认为关停企业将达到50%。另一个地方一家创业园中复工的小公司寥寥无几，预计关闭率不低于30%。

二、现有制度安排对暂时性困难企业弹性不足

一方面，如保留或注销企业将付出较高成本。业务停滞如想保留企业，需要支付会计成本、办公地址成本、办理必要手续的人工成本等，据估算一般二三线城市需要5000元左右、北上广深则需要约10000元。而如果注销企业，也往往需要具有一定专业知识或者付出几千元中介费用，而且很多企业由于只是暂时困难而不愿注销，因为再次开业还需支付成本，并且原先积累的品牌价值、商誉等都可能浪费。

另一方面，如关停不做处理会影响重新创业。按照我国现行企业登记法规制度，企业在办理登记后6个月不开业、或开业后无正当理由自行停业超过6个月的，属于违法行为，可由市场监管部门责令整改直至吊销营业执照。而执照被吊销的企业三年内不得再使用原名称，法定代表人和股东等三年内不得担任其他企业的法定代表人和董事、监事、经理等职务。即使不被吊销执照，这些企业也往往会被列入经营异常企业名录，在信用联合监管趋严的背景下，企业和创业者个人将面临越来越多的限制和处罚。

三、企业建议允许"休眠"以应对疫情冲击

部分企业认为，目前创业企业出现关停主要是由于疫情影响，而不是经营不善或逃避责任，待疫情防控形势好转、需求反弹，这些企业还有很大希望重新开张。允许企业暂时"休眠"，有利于

83

保存有生力量、降低运行维护成本，能使企业在疫情过后迅速恢复，也不容易导致"僵尸企业"。

具体来说，可允许经营暂遇困难的企业申请"休眠"，最长可至两年。企业可根据自身情况向市场监管部门提出申请进入"休眠"，在此期间无需办理年报、年检等监管手续，可暂停缴纳税费、社保费等费用，注册地址可暂予保留。与此同时，法律责任依然有效、需偿付的债务也不免除。"休眠"企业两年内随时可以在网上自行备案开业，但前置经营许可到期的需要再次申请，需连续缴纳的社保费等可按缓缴处理。如两年内企业没有重新开业和持续经营，则应及时进行注销，或由市场监管部门强制注销，同时对于企业以"休眠"为名违规经营以及恶意逃避法律责任等行为应坚决打击。当然，这一安排主要是针对疫情的应急举措，从长期看，还是应借鉴国际经验进一步完善创新创业生态，比如英国、加拿大等国注册注销近乎零成本、注册后暂不经营的维护成本也极低，这就能大大减轻创业企业的负担。

银行承兑汇票被"用过了头"
中小微企业反映苦不堪言

陈黎明　　杨诗宇

　　银行承兑汇票是 20 世纪 90 年代为解决"三角债"问题而推广的金融产品。有中小微企业反映，现在银行承兑汇票有些"变了味"，已经成为大型企业占用中小企业资金、银行增加存款的工具，对于他们来说是"有百害而无一利"，疫情期间更是令其雪上加霜。

　　据反映，近年来中小微企业收到的银行承兑汇票越来越多，有的甚至占到企业日常营运资金的 60%—80%。中小微企业收到的银行承兑汇票主要来自两方面。一是银行贷款的"派生"。有的企业获批银行贷款后，不能直接收到贷款资金，而是要按照银行要求，"自愿"将贷款转为存款，再以该笔存款作为保证金开出等额银行承兑汇票。二是大企业等上游客户的支付。他们凭借优势地位，将从银行低息贷出的资金转为协议存款，又以银行承兑汇票的形式支付给中小微企业，利用利差实现无风险套利。

　　在银行承兑汇票的整个链条中，处于弱势的中小微企业十分无奈、境况艰难。一方面，影响资金周转。银行承兑汇票虽然是见票即付，但大多数为 1 年期（目前纸质银行承兑汇票期限最长 6 个月，电子银行承兑汇票期限最长 12 个月），收到汇票的中小微企业如果持票到期兑付，就意味着要 1 年后才收到款项，但生产经营中的工资、水电、采购、缴税等只能用现金支付，从而加剧资金周转困难。另一方面，挤占利润空间。在现金流紧张的情况下，手持银行承兑汇票的中小微企业，多数都会提前去银行贴现获得现金，这就需要向银行支付 2%—4% 的贴现费用。目前中小制造企业的利润率一般为 3%—5%，一旦贴现就意味着"生意白干"。

根据企业反映的情况，建议：一是强化对企业的贷前审查和贷后监管。根据企业生产经营需求、贷款用途对国有企业合理授信，避免过度授信。进一步规范结构性存款业务，避免企业通过信贷资金"空转"套利。二是加强对金融机构的监管督导。严禁"以贷转存"等违规行为，严查违规违法收费，严格限制银行承兑汇票的规模，适当压缩票据期限。三是督促国有企业履行及时付款义务。要求国有企业切实履行及时足额付款义务，非特殊原因不得使用银行承兑汇票等远期结算方式向中小微企业支付合同款项。

规范贷款中介服务
提升小微企业金融服务质效

杨祎　　龚健健　　包益红

近年来，面对小微企业快速增长的融资需求，银行特别是中小银行在资源、技术、能力等方面存在的短板日益明显，信贷资源供需不匹配问题越发突出。贷款中介服务应运而生并快速发展，客观上弥补了中小银行服务的短板，有助于推动银企对接，提升金融服务质效。但由于缺乏规范管理，贷款中介服务也出现了一些乱象，扰乱市场秩序、抬高企业融资成本等问题突出，甚至滋生了一些不法行为，应尽快加以规范管理，使其更好发挥应有作用。

一、贷款中介服务快速发展，客观上有利于提升中小银行金融服务质效

2014年后，随着金融科技的快速发展和互联网金融服务公司的崛起，贷款中介服务得到快速发展。其主要合作对象是实力较

弱的农商行、城商行等中小银行和部分股份制银行，为相关银行扩展小微和个人客户群体、提高业务规模起到了一定推动作用。目前，贷款中介服务主要有三种形式。

一是贷款咨询。主要面向小微企业和个人客户，以帮助客户获得合适的银行信贷为目标，为客户提供贷款申请材料准备、匹配合适的贷款银行和贷款品种、应对银行贷款审查等服务，一般收取固定服务费或按贷款额度收费。提供这类服务的既有专门的贷款中介公司，也有小额贷款公司、担保公司、典当行等类金融机构。

二是获客引流和风控支持。主要面向获客能力相对较弱的中小银行。通过大数据、人工智能或行业信息优势向银行推荐潜在贷款客户，或向银行进行互联网访问导流、扩大银行贷款产品宣传覆盖面。有的机构还提供客户风险评估和背景调查等附加服务。部分行业平台类机构也提供客户信用信息查询等服务。这类机构既包括行业信息平台（如房地产、汽车销售、产业链平台等）、金融科技公司等非金融机构，也有消费金融公司、保险公司等持牌金融机构。

三是联合贷款。同时面向贷款客户和中小银行。基本模式是由中介机构进行客户营销，并出少量资金，联合银行共同向客户放款，并由中介机构承担部分贷前审查和贷后管理职责，有的中介机构还向银行提供风险兜底担保。开展这类业务的多为互联网金融公司，如蚂蚁金服、腾讯、京东金融、平安普惠等。

二、银行与贷款中介合作问题突出，亟待规范

贷款中介服务源于银行与小额贷款公司和 P2P 机构的合作。

由于缺乏必要的监管，在提升贷款市场效率的同时，也出现了部分机构野蛮生长、甚至从事不法活动等突出问题。同时，部分中小银行过度依赖外包服务，忽视自身能力建设，对市场秩序和金融风险防控也产生了不利影响。

一是中介机构违规帮助企业套取银行信贷资金。一些中介机构利用银企信息不对称，帮助不符合资质的企业做数据、流水、"洗白"征信等，进行违规"包装"，粉饰资信，以达到银行授信审批条件。有的中介机构甚至使用虚假信息违法套取银行贷款挪作他用，滋生金融乱象。还有的中介机构在客户营销和背景审查中使用非法手段获取用户数据，涉嫌侵犯客户隐私。

二是中介机构与银行工作人员违规开展利益输送。部分中介机构与银行工作人员相互勾结，银行故意抬高小微企业贷款门槛，暗示企业找特定中介机构"咨询"，银行员工私下或在背后参与"咨询费"分成或收取"回扣"，不仅滋生腐败，还严重违背政策初衷、变相抬高企业融资成本。如有网民表示，当地银行将小微贷款"外包"给小贷公司，小贷公司收取2%—5%不等的"服务费"，并与银行分成，原本贷不到的贷款就能贷到。

三是银行风控过度外包。部分银行为了节约运营和风控成本，不仅在客户营销上高度依赖中介机构，甚至核心风控也全面"外包"，银行仅对中介机构提供的客户资料做形式审核，贷前、贷中、贷后管理完全依赖中介机构，信贷业务关键环节被中介机构高度把控，银行基本沦为单纯的资金提供方，在丧失业务独立性的同时，风险防控也难以落实。

四是部分中介机构违规实施资金池操作。部分不具备金融服务资质的中介机构不仅提供获客、风控等服务，还提供放款支付、代理还款等业务，成为银行与客户之间的资金通道，在自身账户形成规模庞大的资金池，在利用沉淀资金获利的同时，还存在挪用资金风险。有的中介机构还提供担保、代偿等服务，表面上看似分散了银行风险，实质上有些机构所谓的担保、代偿只不过是利用资金池中的"新钱"还"旧账"，通过不断的滚动操作掩盖风险，维持低风险的假象。

三、规范贷款中介服务，促进行业健康发展

总的看，贷款中介服务对于部分中小银行改善小微企业金融服务起到了积极推动作用，贷款中介机构的存在有其必要性。如没有这些机构，中小银行小微企业金融服务短板短期难以有效弥补，县市小微企业可能面临更为突出的融资困难。但贷款中介服务的风险也不容忽视，针对贷款中介机构与银行合作存在的乱象，应坚持分类治理、标本兼治，在加大对非法机构打击清理力度的同时，尽快完善管理机制，以严格监管促其健康规范发展。

一是严厉打击银行与中介机构利益输送。将银行与中介机构违规利益输送、变相抬高企业融资成本等作为监管重点关注内容，联合纪检、司法等部门，通过举报、暗访、督查、检查等方式，加大对银行员工和中介机构违法违规行为的打击力度，坚决清理各类金融腐败和变相抬高企业融资成本行为。

二是防止并纠正银行信贷业务过度外包。建议对银行与中介机构开展助贷、联合贷等业务进行专项检查，重点关注小微企业信贷、个人信贷，特别是线上渠道，督促银行严格履行贷款管理核心风控职责，切实落实独立贷款审批、资金流向监控和贷后管理要求。不得单纯依赖中介机构的资料、模型等实施信贷审批，对于纯粹提供资金的银行应勒令停止相关业务并立即整改。

三是明确要求银行与客户之间资金往来不得通过第三方中转。对于从事贷款咨询和获客引流的贷款中介机构应明确定位于信息中介，而非资金中介，不得开展任何资金和交易业务。对于联合贷款业务，第三方机构资金与银行资金应严格分开，银行与客户之间的贷款发放和还款交易，应由银行与客户之间点对点直接进行，闭环管理，不得经由第三方代理。

四是尽快建立健全贷款中介服务管理机制。贷款中介机构本质上履行的是金融中介职能，对于金融市场秩序和金融稳定具有重要影响，部分互联网助贷平台等中介机构已经形成一定规模，管理不善很容易滋生金融乱象。对从事不法活动的贷款中介机构应坚决清理；对于其他有利于提升小微企业金融服务质效的贷款中介机构和服务，应尽早纳入金融监管，建立健全监管规制，促进其规范发展。

五是加快推进小微企业金融基础设施建设和供给侧结构性改革。抓紧推进涉企信用信息整合开放，下大力气解决涉企信息"贵""缺""断"问题，为缓解银企信息不对称、增强中小银行信贷服务能力提供支撑。建立小微企业贷款风险分担机制，促进提升小微企业金融服务商业可持续性。进一步完善小微企业金融服务供给体系，研究设立专职小微企业融资的政策性银行等机构，提升对小微企业特别是资质较弱小微企业融资的政策性保障力度。

更好运用风险补偿方式
缓解小微企业融资难题

刘帅　王巍

小微企业贷款风险补偿是指运用政府性专项资金，对银行因小微企业不良贷款形成的损失给予合理适度补偿，从而实现专项资金、银行、小微企业风险共担，提高银行给小微企业放贷的积极性。国内一些地方对此进行了实践探索，国外也有类似的成熟做法。当前形势下，建议更好运用风险补偿方式缓解小微企业融资难题，为保市场主体、稳住经济基本盘提供支撑。

一、国内外对小微企业贷款风险补偿的主要做法

从国内看，针对小微企业贷款违约率高和银行放贷不积极、顾虑多等问题，一些地方设立小微企业贷款风险补偿专项基金，对银行因小微企业不良贷款产生的损失给予适当补偿，但在补偿标准和筹资方式上有所不同。

（一）补偿标准主要有两种。一是按银行对小微企业放贷规模的一定比例进行补偿。浙江省金融业发展专项基金管理办法规定，对银行小微企业贷款、农业贷款及绿色贷款给予风险补偿，补偿标准分别按照不超过小微企业贷款和农业贷款增量的0.5%、绿色贷款余额的0.5%的比例执行。二是按银行对小微企业不良贷款实际损失的一定比例进行补偿。湖南省设立小微企业信贷风险补偿专项基金，对银行给单个小微企业贷款产生的坏账损失，按不超过50%的比例给予补偿；山东省设立小微企业贷款风险补偿基金，对银行给小微企业发放贷款确认为不良部分的，按贷款本金损失的30%给予补偿。

（二）筹资方式也主要分两类。一是地方财政出资。北京市东城区中小微企业风险补偿专项基金由当地政府出资设立，首期规模1500万元，按1∶10的风险预估（即10元贷款可能会产生1元坏账），推动能享受到风险补偿的合作银行对中小微企业放贷规模达到1.5亿元。还有一些地方由省、市等不同层级财政按一定配套比例，共同出资组建风险补偿基金。二是多元化筹资。有的地方除了财政出资之外，还积极吸引担保公司以及有意愿的企业通过缴纳"互助担保金"参与其中。

从国际看，一些发达国家也积极运用风险补偿方式促进金融机构对中小企业信贷支持。比如，德国主要通过复兴信贷银行这一政策性金融机构，为商业银行发放中小企业贷款提供风险补偿。具体操作是，商业银行经过前期审核同意对某企业放贷后，可以向国有独资的复兴信贷银行提出合作申请。通过申请后，商业银行可以向成立不足3年的中小企业发放不超过10万欧元的优惠利率贷款，一旦发生不良贷款损失，商业银行只需承担20%的损失，其余80%由复兴信贷银行承担；对成立满3年的中小企业，可以发放不超过 2500 万欧元的中长期贷款，复兴信贷银行与商业银行各自分担 50% 的信贷风险。

二、我国实施小微企业贷款风险补偿存在的主要问题

（一）风险补偿基金规模偏小。部分银行反映，不良贷款发生后，真正能拿到手的风险补偿金额较少，相对于贷款损失远远不够。比如，中部某省 2019 年小微企业不良贷款余额较 2017 年增长了三成以上，但 2019 年该省全部小微企业信贷风险补偿基金预算仍与 2017 年持平，仅有 1.15 亿元，落到每家合作银行的补偿金额更是少得可怜。今年受疫情和世界经济衰退影响，小微企业贷款违约、逾期等风险增加，这一问题更加凸显。

（二）风险补偿企业范围偏窄。一些地方在实施小微企业贷款风险补偿时，通常会建立白名单推荐制度，但白名单纳入的企业偏少，覆盖面不足。比如，某市小微企业贷款风险补偿基金管理细则规定，纳入白名单的小微企业主要从高新技术企业、国家和省市认定的工业和信息化类小巨人企业、拥有国家和省市立项的科技计划企业、海外高层次人才归国创新创业企业、市政府确定的其他重点支持企业中筛选。该市 2020 年初通过动态更新确定的首批白名单企业仅 200 多家，大量有发展前景且迫切需要融资支持的小微企业未能纳入。

（三）风险补偿比例弹性过大。一些地方确定风险补偿比例时缺少可靠依据，如果把补偿比例定得过高，担心给财政带来较大压力，甚至面临追责问题；如果定得过低、力度不够，则难以起到鼓励银行给小微企业放贷的效果。因此在具体实施中比例相对模糊，这就给银行获得补偿带来不确定性。比如，东部沿海某省

普惠金融发展风险补偿基金，对合作银行普惠金融贷款发生逾期或欠息的，只是规定了补偿比例上限为未偿还本金的80%，但银行最终能获得的补偿金额可多可少、弹性很大，影响了给小微企业贷款的积极性。

（四）兑现风险补偿流程繁杂。据了解，银行普遍感到风险补偿的获批难度较大，在一些地方，银行申报补偿的平均获批率仅14%，个别银行获批率只有3%。中部某省多家银行反映，小微企业信贷风险补偿需要提供8类材料逐笔申报，留给银行准备材料的申报周期仅10余个工作日，工作量大、时间紧，但审批周期很长，一般在半年以上，快一点的也需要3—4个月。

（五）不同风险补偿基金没有形成合力。一些地方除了小微企业贷款风险补偿基金外，还设有多个不同层级、不同类别的信贷融资风险补偿基金，但在实施过程中，相互之间缺少衔接、没有很好地形成政策合力。比如，某省金融发展专项资金管理办法规定，"已享受市县小微信贷风险补偿的金融机构，不重复享受省级小微企业贷款风险补偿"，这虽然有利于防止信贷资源过度集中，但由于配套措施不完善、信息不共享，增加了资金管理成本和银行比对信息的工作量，需要进一步加强统筹衔接。

三、相关建议

在缓解小微企业融资难这个老大难问题上，需要政府和市场协同发力，也需要金融和财政协同发力，其中，更多运用风险补偿方式是一个合理有效的政策选项。具体建议：

（一）探索适时设立国家小微企业贷款风险补偿基金。立足当前和未来一段时间的经济、财税形势，借鉴国内外实践经验，挖掘财政潜力，吸引社会资本参与，探索适时设立符合我国国情的国家小微企业贷款风险补偿基金，进一步提高银行给小微企业放贷积极性。同时针对各地小微企业贷款风险补偿力度小、支持范围窄等问题，鼓励引导地方整合各类资金资源，增强风险补偿能力和效果。

（二）引导银行从其他类别贷款中按比例提取资金补充小微企业贷款风险补偿基金。建立银行不同类别贷款的调节机制，从银行发放的大企业和房地产企业等贷款余额中按一定比例提取资金，用于补充小微企业贷款风险补偿基金，以其他类别贷款收益反哺小微企业贷款的损失，并促进风险补偿基金稳定和可持续运营。在这方面可先行试点，待成熟后再进行推广。

（三）持续完善风险补偿机制。进一步细化银行获得小微企业贷款风险补偿的条件，尽可能减少补偿比例的弹性空间，给银行以明确预期。优化银行申报风险补偿的流程，精简材料，压缩审核时间，提高补偿资金到位效率。

多地海鲜消费"旺季遇冷"
建议加大扶持力度帮助商户渡过难关

冯晓岚

　　北京新发地市场新冠肺炎疫情导致消费者对水产品的担忧迅速蔓延，北京、重庆、成都等多地海鲜市场客流锐减、货品滞销。不少商户表示，盛夏本是海鲜消费旺季，目前销售低迷、亏损扩大，全年可能难以恢复。

　　一是国产海鲜受到牵连。如某超市多家门店的国产海鲜销量近期下降了30%—40%。扇贝、生蚝等大众品类养殖规模较大，积压严重。一些商户表示，冰鲜货品滞销尚能转冷冻储存，活鲜一旦滞销容易导致货品死亡和损耗。二是海鲜消费遭"二次打击"。某地一些商户表示，以往春节和夏季的海鲜消费量都比较大，今年受疫情影响，多地海鲜市场春节期间门可罗雀。之后由于餐饮业持续不振，海鲜商户的销售流水6月初才勉强恢复到平日的40%—60%。新发地市场疫情发生后，上述比例骤降至2%以下。两度错过销售旺季，入秋后的市场恢复也面临较大不确定性。

三是商户入不敷出较为普遍。海鲜储存成本高、耗能大。不管有没有销量，制氧、制冷等设备必须开启，有的商铺每月仅电费就需上万元。再加上租金、人员工资、市场管理费等刚性支出，绝大多数商户当前的营业收入难以覆盖，"开张即赔本"。

疫情发生前，我国海鲜产品年消费量为3000多万吨，海洋捕捞和海水养殖年产值近5700亿元，占渔业总产值的46.4%。但和肉蛋奶不同的是，食用海鲜并非刚需，可替代性较强。在新发地市场疫情源头和传播渠道未有定论的情况下，消费者对水产品"心有余悸"，海鲜消费短期内难言复苏。而企查查数据显示，我国在营的海鲜相关企业达26万家，88%为个体工商户，夫妻店、父子店屡见不鲜。在此情况下，加大对国产海鲜消费的支持，保住海鲜商户的生计，对于保基本民生、保市场主体十分重要。为此，有以下建议。

第一，提高国产海鲜流通信息的可追溯性。水产流通与加工协会的专家指出，新发地市场疫情打破了公众对进口海鲜的过高期待，对国产海鲜来说可能是机遇。但一个重要前提是对国产海鲜流通实行可追溯管理，尽快恢复消费信心。建议在全国推广实施水产品质量安全可追溯标准，有条件的地方可借鉴浙江省建立"浙冷链"的做法，实施从海鲜捕捞、养殖企业到农贸市场、商超的闭环管理，让消费者能扫码查询海鲜流通各个环节。暂不具备条件的地方可从简单的产地证明做起，在销售场所摆放公示牌，商户主动注明海鲜产地、捕捞或出塘日期等信息，由市场管理部门定期检查。

第二，鼓励商户提高线上销售比重。据了解，目前海鲜市场的餐饮买家和个人买家出现锐减，但部分商超、电商渠道仍有订单，如北京市生鲜电商企业本地采购和产地直采的比例大约为

1:1。建议地方政府和市场管理部门积极为海鲜商户和电商平台"牵线搭桥",鼓励更多商户转向线上销售,对转型成效明显的商户给予奖励。

第三,加大对海鲜商户的政策扶持力度。眼下正值年中,不少海鲜商户面临续租缴费等压力。建议各地有关部门主动上门、贴身服务,指导海鲜商户用足税费、社保、信贷等支持政策。同时协调市场管理单位,允许坚持经营的商户延付或减付商铺租金,免缴或少缴市场管理费用。对部分受影响严重、所在市场休业的海鲜商户,政府可发放临时性补贴,帮助他们渡过难关。

建议针对市场主体的新特点
因时因势调整助企纾困政策

杨慧磊　　牛发亮

近年来，我国新生市场主体"井喷式"增长，目前市场主体总量已超过 1.3 亿户，比 2012 年翻了一倍多。今年在新冠肺炎疫情和世界经济严重衰退冲击下，这 1 亿多市场主体承担了量大面广的就业，成为稳住就业和经济基本盘的坚实基础。近期，我们与有关部门、企业和专家学者进行了沟通，发现今年新增市场主体呈区域分化加快、行业差异较大、外资主体持续回落等新情况，新增市场主体"逆势上扬"的背后可能存在一些隐忧。建议在明年规模性纾困政策平缓退坡过程中，更加注重市场主体的结构性新变化，有进有退调整政策，增强市场主体内生发展动力，夯实经济稳定恢复的微观基础。

一、今年新增市场主体呈现出一些新特点

据有关部门统计，今年受疫情影响，我国新增市场主体同比

增速虽然一度出现短暂下降，但 4 月开始由降转升，9 月份同比增速创出新高，达到 20.3%。前三季度，全国新设市场主体 1845 万户，同比增长 3.3%，日均新设 6.7 万户。主要呈现以下特点：

（一）新设市场主体主要集中在东部地区，部分沿海地区增幅较大。前三季度，全国 49.5% 的新设市场主体集中在东部地区，中部、西部、东北地区分别占 20.3%、24.4% 和 5.8%。除东部地区新设市场主体同比增长 10.5% 外，中部、西部、东北地区虽然继续增长，但增幅分别回落 3.4%、1.3% 和 7.7%。近期部分沿海发达地区有些省市更是出现较大幅增长。

（二）新设市场主体行业结构总体上进一步优化，教育、住宿、餐饮等服务行业增长较慢。前三季度，第一、第二、第三产业新设企业同比分别增长 35.8%、13.5% 和 5.7%；高技术产业企业增长加快，其中高技术制造业增长 62.8%，远超制造业 9.1% 的平均水平；高技术服务业也增长较快，领先服务业整体水平 1.5 个百分点，其中检验检测服务、专业技术服务和科技成果转化服务增幅较大，分别达到 45%、30% 和 15.5%。卫生和社会工作、农林牧渔业、建筑业恢复较快，新设企业同比增速分别为 52.1%、34.8% 和 16.5%。相比之下，住宿和餐饮、教育行业持续受疫情影响，虽然 9 月新设企业降幅较前 8 个月有所收窄，但降幅仍显著高于其他行业。前三季度，服务业新设个体工商户同比下降 0.6%，其中，租赁和商务服务业、科学研究和技术服务业、金融业增幅均超过 25%，但教育、住宿和餐饮、房地产等行业降幅则在 10% 以上。

（三）新设外资企业数量明显回落，但 9 月环比有所回升。前三季度，全国新设外商投资企业 3.4 万户，同比下降 22.8%，降幅较前 8 个月收窄 3.9 个百分点；注销吊销外商投资企业 3.3 万户，同比增长 4.3%。从月度走势看，5 月之后，新设外商投资企业数量逐月递增，9月新设 5358 户，环比增长 13.1%。

二、在新冠肺炎疫情和世界经济衰退双重冲击下，新增市场主体"逆势上扬"的背后可能存在一些隐忧

（一）市场主体区域、行业、规模等多重分化叠加，可能拖累宏观经济循环畅通和稳定恢复。新增市场主体增长出现结构性差异，折射出经济恢复不平衡问题，如果这种不平衡继续拉大，可能会对经济稳定恢复带来挑战，甚至成为影响经济循环畅通的风险因素。从区域看，市场主体对营商环境的感受在疫情下进一步放大。一些地方在落实规模性纾困政策上时间滞后，力度也小。有企业反映，虽然大的政策是全国"一盘棋"，各地也出台相应帮扶措施，但真正落地时差别很大，很多时候企业等不及更拖不起，不如"孔雀东南飞"择地而居。从行业看，由于秋冬季疫情还存在较大不确定性，教育、住宿、餐饮等行业中小微企业预期相对低迷，活跃程度有待提升。一些企业反映，虽然目前餐饮等行业在加速复苏，但就怕刚租上店铺就赶上疫情收紧，光每月房租损失就负担不起。从规模看，此次疫情主要冲击中小微企业和弱势群体，大型企业逆势融资扩张仍在继续。以受疫情影响较大的餐饮业为例，有媒体统计，前 8 个月全国餐饮业共发生融资 94 起，总额 151.3 亿元，主要集中在大型餐饮企业，融资数量同比上升 64.9%，融资总额上涨 94.2%。

（二）"分裂式自救"加剧了市场主体的脆弱性，未来可能引发恶性竞争，导致存活率下降。据基层有关部门和企业反映，近期新增市场主体数据向好，除受我国经济恢复增长带动、新业态新模式增长较快等因素影响外，还有一些其他原因：一些吸纳就

业人数较多的中小企业受疫情冲击倒下，原班人马分散创业，依靠自身技能、渠道、人脉等资源自谋生路，就像细胞分裂一样，使得原有市场主体数量"化一为多"。有受访企业谈到，如果不是生计所迫，谁也不会选择在这个时候冲出来打拼。一方面市场萎缩、利润持续减少，另一方面原来很多同事和合作伙伴都变成了竞争对手，生意越来越难做了。有学者谈到，市场主体数量短期快速增长，如果与宏观经济增速不匹配，必然会加剧内部竞争、带来成长难问题。今年新生市场主体是在特殊环境下仓促诞生的，不少体量小、抗风险能力弱，往往会因为路径依赖、市场短视等原因扎堆在同一领域，再加上外贸企业转型进入国内市场，恶性竞争几乎难以避免，未来很可能大批量"洗牌下线"，对市场活力和就业带来冲击。

（三）疫情下市场主体退出数量不升反降，可能阻碍市场活力进一步释放。前三季度，全国注吊销市场主体779.7万户，同比下降7.9%。其中，注吊销企业262.6万户，同比下降10%；注吊销个体工商户507.1万户，同比下降6.9%；注吊销农民专业合作社10万户，同比下降3.3%。以受疫情冲击严重的餐饮业为例，有媒体统计，今年前8个月，餐饮企业注销吊销15.3万家，大大低于去年同期的53.5万家。市场主体退出数量不升反降，反映在市场主体大幅增长的同时，"进门容易出门难"问题日益凸显。由于程序复杂简化难、恶意吊销治理难、拖延办理惩治难、缺乏依据出清难等多重原因，再加上疫情拖慢退出节奏，目前"死而不退"的非正常市场主体越积越多，势必增加市场交易成本、造成资源浪费、导致统计口径失真，影响要素自由流动和营商环境优化。

三、对策建议

市场主体是支撑就业和经济发展的基础。建议结合市场主体出现的新特点，因时因势调整助企纾困政策，实现靶向施策、精准滴灌，既提高政策效果，助力市场主体持续恢复活力，又防止因分化加剧导致经济恢复不平衡状况。具体建议：

一是针对市场主体的结构性差异，有进有退调整扶持政策，提高新生市场主体存活率和活跃度。今年国家出台的规模性纾困政策，为保市场主体、促进经济恢复增长发挥了重要作用，但多数政策将在今年年底到期。建议抓住政策转换"窗口期"，针对市场主体出现的新特点，有重点地进行结构性安排，真正把有限政策资源用在刀刃上。比如，分行业实施差别化税费减免政策，对于具备自我发展能力、对政策敏感性和依赖度降低的行业有序退出，对于受疫情影响较大、恢复较慢的行业加大支持力度。保持对中小微企业和个体工商户普惠金融支持，研究引导信贷资金向新生市场主体集中行业投放。

二是提高监管容忍度，赋予中小微企业更大发展空间，进一步激发市场主体活力。据有关企业反映，受疫情和基层财政困难影响，有关部门运用大数据对企业的跟踪监测愈发严格和密集。本来中小微企业灵活多变是优势，现在各种规范要求一大堆，担心动辄受罚，只能被越管越死。监管还是要抓大放小，给什么政策都不如给发展空间。建议进一步提升对中小微企业特别是新生市场主体的监管容忍度，防止以"合规""防范风险"为名过多干预其合法经营，促进市场主体活力得到有效激发。

三是区分不同情况，有序畅通市场主体退出渠道，进一步释放低效无效资源。建议按照市场主体的实际状况，以分类推进、先易后难为原则，进一步完善普通注销、简易注销、强制清除等制度，建立注销分类快办机制。明确市场主体拖延办理、变相办理注销登记的责任，建立清算义务人不履行清算义务时的法律责任追究机制，提高"久拖不办"的滞纳成本。建立健全企业注销登记事后救济制度，妥善处理历史遗留问题，防范市场主体因恶意注销、逃废债务"带病退出"。

三、更大激发市场主体活力

地方积极探索包容审慎监管新做法
为新动能留足发展空间

王晓丹　　乔尚奎

包容审慎监管作为近些年一项重要的监管创新，对于新产业、新业态、新模式的蓬勃发展起到了至关重要的作用。一些地方在监管实践中积极探索，将包容审慎理念进一步具体化，创造出不少操作性强、落地效果好的新做法、新模式，值得借鉴。

一是"敏捷治理"模式。"敏捷治理（Agile governance）"最早是软件开发的概念，2018 年世界经济论坛白皮书将其引入政府治理领域，认为政府监管必须有效回应新技术环境。"敏捷治理"主要有两条原则，即对监管环境进行快速响应和与监管对象密切协商互动。比如，为解决新业态企业在国民经济行业分类中找不到归属的问题，有的地方编制了《新兴行业分类指导目录》，由市场监管局会同科委、经信委、网信办等部门，结合窗口接到的企业登记需求，及时将新的行业类别纳入目录。

二是"沙盒监管"机制。"监管沙盒（Regulatorys andbox）"

最早由英国政府于2015年提出，后来在瑞士、加拿大、新加坡等国也被采用，主要用于对金融创新的监管。具体来说，就是提供一个隔离的"安全空间"，企业可以在其中测试其创新的产品、服务和商业模式等，监管部门对整个过程实施监控和评估，判断是否可以在"沙盒"之外予以推广。今年1月起，央行开始在北京、上海、重庆、深圳等多地推开金融科技创新"沙盒监管"试点。除此之外，有的地方还将"沙盒监管"扩展到了其它新业态，比如在一定范围内，对直播和短视频购物行业试行"沙盒监管"，既严守安全底线又留出发展空间。

三是"触发式"识别和规制。"触发式"强调对新业态的正常经营行为不进行干预，但对存在风险或超出底线的行为及时识别和精准管控。比如，有的地方推出了"触发式"电商监管系统，消费者在点击进入注册在当地的网店时，可直接看到其信用信息，比如该店是否有营业执照、是否受过相关部门的行政处罚等，通过给问题网店贴上"警示标签"，有效避免了消费者上当受骗。

四是"柔性"执法处罚。很多领域监管规定的制定早于新业态的产生，这就有必要对新业态发展过程中的轻微违规行为进行适度容忍，不宜机械执法，更不能动辄叫停、一禁了之。比如，有的地方探索对新设立的"三新经济"市场主体给予1—2年包容期，在包容期内通过行政指导等柔性方式进行监管，坚持处罚与教育相结合原则，对于符合条件的轻微违规行为从轻或者免于行政处罚。

五是"藏管于技"。通过将技术手段嵌入监管，并不断进行技术细节改进，同样可以达到监管目标。比如，一些地方创新"食安封签"加强外卖食品安全监管。对于外卖食品包装，要求统一采用一次性易碎贴纸进行密封处理，既可降低外卖配送过程中受到污染的可能性，也有助于明确商户和外卖骑手之间的责任划分，保障外卖食品"最后一公里"安全。再比如，还有一些地方通过"电子围栏"加强共享单车管理，在繁忙路段划定感应停车区域，停放在围栏内的共享单车能快速自动上锁，而停放在外面，不仅无法上锁，还能发出报警声提示停车人，促进了共享单车有序停放。

各地的监管探索实践，对进一步完善包容审慎监管具有重要启示，并提供了创新思路借鉴。"三新"经济情形多样、应用场景无限、未知大于已知，这就要求监管要秉持多元包容态度，审慎对待每一新生业态模式，避免简单粗暴扼杀任何一种可能性；同时也要求监管方式和手段与时俱进、不断创新，及时发现和堵塞漏洞，确保新动能健康发展。为此建议：

一是放宽市场准入、实施触发式监管。"三新"经济具有不可预见性，很难通过前端审批方式进行有效规制。应当大幅放宽市场准入，明确基本原则和行为底线，鼓励行业企业进行自我约束，尽量为新业态等提供宽松的发展环境。与此同时，基于风险苗头、安全健康、违法失信、群众投诉等事项，实施触发式的过程监管、后端监管。

二是提供试验空间、完善纠错机制。对于暂时不能明确发展风险的新业态新模式等，应划定可控范围和一定期限，放宽监管要求，允许进行试验。监管部门对试验过程密切监测、定期评估，不成功的项目及时退出，成功的项目允许扩大实施范围、纳入正常监管框架，既有效催化创新活力，又确保风险不外溢。

三是提高响应速度、增强监管弹性。传统监管的特点是"一刀切、力度大"，而对新业态等的监管，则应是"多提醒、出手柔"。一方面，发现问题应立刻提醒并督促解决，有利于企业根据监管意图早作调整，减少技术路径和商业模式转变带来的损失，避免局部问题发展成普遍问题。另一方面，对轻微违规行为应提高容忍度，更多采取柔性执法模式，这样做具有警告性和试探性，在防止企业更大违法行为的同时，也避免削足适履、一棍子打死。

四是加强协商治理、用好技术手段。在对新业态的认识和理解上，市场远比政府更敏锐和深刻。监管部门应当主动加强与被监管者的协同互动，让企业和行业协会商会等主体广泛参与监管规则的制定和实施，并随时根据市场意见和需求，调整完善监管策略。同时，能够以技术手段实现监管目标的，应尽量减少人为干预，积极开发运用数字化、智能化等治理手段，推动解决监管难题。

进一步放宽登记经营场所限制
激发小微企业、个体工商户创业活力

邓林　　包益红

2014年国务院出台注册资本登记制度改革方案以来，各地结合实际，推进简化住所、经营场所登记手续改革，取得积极成效。但不少创业者反映，这项改革仍显滞后，影响创业、就业。据有关协会不完全统计，因为经营场所达不到条件造成的无照经营户占无照经营总数的60%左右。特别是新冠肺炎疫情发生以来，很多就业困难人员希望自谋生计、自主创业，首先就碰到注册地址、经营场所难题。主要有以下几方面。

——**注册地址等限制仍然较多**。一些地区出于种种考虑，将住宅排除在可登记地址之外。某小型贸易公司表示，地址限制是创业最大的障碍，写字楼租金每天每平米3.5元，50平米一年租金要6万多块，省下来可以多聘一个员工了。某软件设计公司认为，这种限制实在没有必要。本来只需一根网线、几台电脑就可在家创业，现在一个月收入就几万元、刚够发工资，租用商务楼实在承受不了。某网民反映，东挪西凑开个小店，监管部门认为其经营场地面积 27 平米太小，不允许开业，折腾了七八次，最后找关系才办下来。

——**各类繁琐证明频仍**。一些地方监管部门为了免责，还要求申请者提供多种证明材料。某村民想创业，按当地规定可用农村宅基地注册公司，但被告知凭户口本还不行，需要村镇两级政府开证明，村里不给开就注册不了。某创业者想以自住房注册成立税务师事务所，监管部门要求社区开证明，社区要求小区物业开证明，物业要求所有邻居签字同意，但邻居大多是外地投资客、开不了证明，导致营业执照难产。

——**部门规定相互打架**。有的地方税务、银行等单位对"一址多照"、集中登记等政策不认可，还是按自己的老规矩办。某网络科技公司反映，市场监管部门允许在集群地址注册，但银行要求有真实地址才能开设公司基本帐户。某企业表示，市场监管部门允许复式办公用房注册两家企业，而税务部门却不允许，不予办理税控发票。某企业反映，税务部门担心"一址多照"存在风险，强令一个地址只能注册一家公司，企业不变更地址就拉入高风险名单。

——**催生灰色产业链**。不少企业表示，现行政策滋生了一大批"捐客"，受益者是少数代理机构等，受害的是广大创业者。某企业反映，一些"孵化基地"贩卖地址，一年后又以不符合招商标准收回地址，强迫企业迁出。某小微企业表示，代理机构租用偏僻地区商务酒店、文创集聚区后分割成小块空间，作为虚拟注册地址，向创业者收取高额代理费且连年涨价，一个地址每年要缴纳上万元使用费。有的花钱买到的还是假地址，被列入经营异常名录、求解无门。

——注册地址迁移难。某企业反映，异地迁移流程繁琐困难，办事部门说必须经镇领导同意，镇里推脱办事部门没处理好，实质上是担心迁走后影响地方税收，就一直卡着不让迁走。某房地产公司拓展业务需从原注册地迁出，当地政府以属于规上项目为由暂不受理，几天后正式答复不同意办理迁出手续，影响了企业正常经营。某企业表示，因城市改造需搬迁或跨区域经营，营业执照需要变更到新地址，但即使是同一城市不同城区也很难办下来。

从深层次看，以上问题折射出我国商事制度改革任重道远。一是"一放就乱、一管就死"的怪圈尚未跳出。一些地方担心引发纠纷和风险，将前端登记作为主要监管手段。中部地区某市在一些企业注册虚拟地址逃税跑路后，对集中登记地址进行清理，正常办营业执照都很麻烦。二是地方探索碎片化，有待提炼形成统一制度。目前主要是各地试验为主，存在标准不一样、规则自行定等问题。比如，有的地方对特定行业免于提交住改商证明，但有的地方又一概不允许将住宅登记为注册地址，企业合规成本较高。三是注册地址承载了过多管理职能。银行、税务等机构提出额外要求，实际上是将自身责任推给其他部门。一些地方为了加强城市管理，也提出过高要求。

放宽登记经营场所限制，是持续推进注册登记便利化、缩短市场主体创办周期、降低投资创业成本的关键之举。建议进一步解放思想，充分发挥市场在资源配置中的决定性作用，按照"宽进严管"思路，深入推进注册登记制度改革，为小微企业、个体工商户、自由创业者等提供最大便利。

第一，加强针对性政策扶持。进一步放宽小微市场主体登记条件，指导各地允许员工少、不扰民的静默型行业使用住宅作为住所、经营场所。不少农村自建房、旧厂房等，适合从事文化、旅游、餐饮等经营活动，但由于没有产权证就无法登记，建议放宽限制。对疫情期间小微企业等创业，阶段性提供免费注册地址，或对地址使用费予以补助。对餐饮、零售等，在经营场所方面给予更大灵活度，减少非必要城管等执法，纠正对外摆、摆摊等"一刀切"限制，鼓励提供更多临时性便民销售场地。

第二，**推行登记承诺制**。发达国家要求很简单，主要是强调地址有效性。德国只需注明通信联络地址；美国对企业注册地址的产权、性质不做要求，也不予核实。国内一些省市进行了探索，由申请人向登记机关申报住所、经营场所信息，合法性、真实性由申请人负责，无需提交证明材料，有的还实行负面清单管理模式。建议创造条件，推广实行承诺制，市场主体只需提交信息申报表，对提交材料真实性、合法性作出承诺，自主申报、自担其责，登记机关进行形式审查，实现市场主体责任回归。

第三，**加强事中事后监管能力建设**。过度严格的事前监管，并不能从根本上解决市场秩序问题，反而增加制度性交易成本。建议：一是加强信用体系建设。完善经营异常管理制度、信用分类监管制度、市场主体退出制度等，由上至下统一信用约束标准，推动企业诚信自律，使不法分子无机可乘。二是强化多层面后续监管。健全部门联动机制，加强监管信息互通、执法互助，加大对提供虚假材料、虚假承诺、冒用伪造地址等处罚力度，并予以公示、增强威慑力。

第四，**推动完善相关法律法规**。总结基层探索实践，及时修订相关法规制度。有关法律规定"将住宅改变为经营性用房，应当经有利害关系的业主同意"，其他一些法律也有涉及注册登记的条款。建议明确相关配套制度，便于地方按规操作。兼顾便利市场主体和维护市场秩序，健全符合国际惯例的注册地址分类管理制度。目前，涉及住所、经营场所登记的法规、规章，有的规定与实际情况相脱节，有的条款之间存在一定冲突，建议加快商事登记立法，尽快制定出台统一、权威的法规。

建议适时调整企业划型标准
让小微企业更好享受政策红利

陈黎明　　黄涛

今年以来，党中央、国务院出台了一系列扶持小微企业发展的政策措施，贯彻落实情况总体是好的，取得了显著成效。部分企业反映，由于大中小微划型和行业分类等原因，导致一些本该享受的政策没能享受到，影响了获得感。就此我们向专家、基层干部和小微企业进行了调研，有关情况如下：

第一，领域不同、口径不同，不利于摸清小微企业底数。统计上，根据《中小企业划型标准规定》（2011年）和《统计上大中小微型企业划分办法》（2017年修订），企业可划分为大、中、小、微型四类，判定依据是从业人数、营业收入和资产总额等3项指标，具体到不同行业，分别对应这3项指标中的1项或2项。税务上，根据《关于实施小微企业普惠性税收减免政策的通知》（2019年），企业所得税有"小型微利企业"的概念，判定依据是应纳税所得额、从业人数和资产总额等3项指标；此外，增值税还有"小规模纳税人"的概念。外贸上，年进出口额小于6500万美元的，即被视为中小外贸企业。多位基层干部反映，由于《中小企业划型标准规定》和《统计上大中小微型企业划分办法》未能被广泛采用，多个口径和标准既有区别又有交叉，不利于提高政策制定实施的针对性。尤其是这两年，各地都加大了小微企业扶持力度，但事实上哪些是"小"、哪些是"微"，各家标准不一，数据也很难对得上。

第二，具体认定中，存在难以把握、过于机械或变形走偏的情况。以税收优惠为例，统计口径上只要从业人员在300人以下，或者年营业收入在2000万元以下的工业企业，即属于小微企业；而税收口径上的小型微利企业，必须同时满足年度应纳税所得额不超过300万元、从业人数不超过300人、资产总额不超过5000万元等3个条件。这导致有些产值小、利润少的劳动密集型企业，由于用工超过300人而无法享受税收优惠政策。再以融资为例，有的企业按资产、营收等应该属于大中型企业，但有的金融机构为了完成支持小微信贷任务，通过严格从业人员认定将其划入小微。这样做既能够拿到有关补贴和奖励，而且即便形成不良资产监管部门的容忍度也相对较高，但客观上导致假小微挤占了真小微的信贷资源。

第三，一些新兴业态未及时归类而面临"两不管"。这些年新产业、新业态、新模式等发展速度快，有的难以在《国民经济行业分类》（GB/T4754—2017）、《中小企业划型标准规定》和《统计上大中小微型企业划分办法》中"对号入座"，行业分类和企业划型不好确定，导致无法获得有关政策支持。比如，近年兴起的生鲜配送"前置仓"（将仓库/配送中心从城市远郊的物流中心，前移到距离消费者更近、30分钟左右送达的一种商业模式），虽然多属于小微范畴，但由于到底属于零售业还是属于仓储业，有关部门在认定上看法不一，导致企业既无法获得生活服务业相关补贴、申请政策性铺面，也无法拿到物流业相关补贴。

第四，共享员工等新用工方式的出现导致从业人数界定困难。共享员工可有效减轻企业经营成本，提高人力资源使用效率，有利于促进部分行业闲置待岗人员过渡性就业、强化企业用工保障，今年以来发展较快。在员工共享的过程中，会形成各种各样的劳务关系，在这种情况下，企业实际从业人数就很难界定。不仅如此，业界还反映，今年就业压力显著加大，在此背景下仍将就业人数作为划型标准，与稳就业的目标相背离。

大中小微划型事关扶持政策的精准性、有效性。当前，我国经济呈现恢复性增长态势，但持续回升的基础并不牢固。应及时对企业划型进行调整完善，便利已出台的各项政策更好落地见效，帮助量大面广的小微企业渡过难关、恢复发展。

一是建立统一权威的企业划型标准。由发改、统计、财政、工信、商务、税务、海关、市场监管等部门共同研究制定统一的企业划型标准，明确所有区分企业规模的政策实施均以此为基准，避免"型"出多门和不同部门政策不兼容甚至相互抵触的情况。同时，定期对新的划型标准修订完善，以更好反映经济社会发展实际，特别是企业生产经营成长情况。统计部门要加强统计监测分析，做好同税务、市场监管等部门行政记录的比对，摸清各种规模市场主体特别是小微企业和个体工商户底数，为出台支持性政策奠定基础。

二是及时完善企业划型要素。现行《统计上大中小微型企业划分办法》针对15个行业门类和其他未列明行业，对不同行业采用的判定指标和门槛值不尽相同，使得在实际认定企业大小时偏复杂和繁琐。对此，基层和企业建议，可考虑在综合现有各种划型方法基础上，从企业实际经营情况出发来判定企业类型，比如将判定标准简化为"营业收入＋税前利润"，而不再把从业人数作为限定条件，同时将行业门类进一步归并组合，分别制定适用不同门槛值，使企业划型更简单、更具有可操作性。

三是尽快明确"三新"行业归属问题。根据新产业、新业态、新模式发展特点，及时将其纳入相应的行业门类，以适用有关的企业划型标准。考虑到国民经济行业分类作为国家标准，应保持一段时间相对稳定，加上要同国际接轨以便于国际比较，实时调整有一定难度，建议由有关部门定期对新产业、新业态、新模式的行业归类问题作出解释说明，并视情况变化不断补充完善，为企业享受政策支持提供依据。

加大力度支持中小企业数字化转型
增强市场主体脱困后内生发展动力

刘帅　　牛发亮

随着我国经济持续稳定恢复，中小企业面临的挑战一定程度由"能不能活下去"转变为"能不能发展好"，直面市场主体的宏观政策重点也应从"纾困解难"逐步转为"增强后劲"。当前，经历疫情冲击的企业数字化转型意愿普遍高涨，不失时机推动数字化转型，既能带动扩大有效投资，又能补短板增后劲，为世界经济复苏后更好参与国际竞争合作赢得先手。量大面广的中小企业在数字化转型方面存在突出短板，不仅制约大企业发挥数字化效益，而且不利于产业链现代化水平提高。建议不失时机完善宏观政策，更加注重增强市场主体内生动力，及时出台支持政策助力中小企业数字化转型。

一、经历新冠肺炎疫情冲击后中小企业数字化转型意愿增强，但基础差"不会转"的问题突出。面对疫情冲击，线上交易、数字经济逆势增长，数字化程度高的企业展现出更强韧性，这相当于给中小企业上了一堂案例课，极大增强了他们投身数字化转型的热情。某调查报告显示，经历过疫情冲击，70%以上的中小企业都有数字化转型的意愿，特别是在受疫情影响较大的华中地区，有意进行数字化转型的中小企业占比最高，达到81%。但多数中小企业的信息化还处在文案处理、财务管理等办公自动化上，数据采集率低、技术能力差，仅靠自身难以真正实现数字化转型，需要龙头企业、科技平台、数字化转型促进中心等赋能。有研究机构调查显示，60%的中小企业还不能用二维码、条形码等标识技术进行数据采集，70%以上的中小企业没有实现关键业务系统集成，仅有5%的中小企业能够采用大数据技术对生产制造环节提供支持。

二、数字化转型需要大量资金投入，但中小企业缺钱"转不了"问题比较突出。数字化转型是一项周期长、投资大的系统工程，从设备更新、软件部署、人力支撑到系统运行维护，都需要持续投入大量资金。但中小企业大多资金实力较弱，能够投入数字化转型的资金不足。有调研显示，仅14%的企业在数字化转型方面投入超过年销售额的5%，近70%的企业低于年销售额的3%，其中42%的企业低于年销售额的1%。特别是在疫情冲击后，很多中小企业生产经营困难突出，在数字化转型方面投入被迫减少。根据互联网数据中心推测，2020年中小企业数字化转型支出将下降5%左右。

三、数字化转型需要产业链协同才能发挥最大效益，但上下游企业协同不够导致"转不好"。很多中小企业是嵌在龙头企业主导的产业生态系统中的一环，如果只靠自己单兵突进，不但很难完成数字化转型，而且就算完成了，生产流程、产品标准、配套服务不能与整个供应链衔接，也会成为"孤岛"，无法发挥应有的效益。某机构调研发现，真正完成数字化转型的企业在 10% 以下，很多投身数字化转型的企业并没有从中获得预期收益，陷入了"理想很丰满、现实很骨感"的"数字化悖论"。在数字化转型过程中与上下游企业协同不够，不仅影响中小企业自身，而且影响与之相关的大企业数字化转型效果。埃森哲咨询公司发布的一份调查报告显示，在受访的中国大型企业中，有 66% 表示完全没有看到数字化投入促进营收增长的效果。

四、数字化转型服务平台不断涌现，但行业和企业差异导致平台"用不上"问题较多。近年来，我国涌现了大量企业数字化转型服务平台。比如在工业领域，目前全国有影响力的工业互联网平台已经超过 70 个，连接的工业设备数量达到了 4000 多万台（套），服务的工业企业数量超过 40 万家，工业 APP 数量超过 25 万个。但市场上大多数平台只能提供最基础的通用型解决方案，无法满足企业、行业的个性化需求。东部某市一个年销售收入几个亿的企业，从原来的全手工生产到实现机器替代，全靠自身 20 多个员工完成所有设备制造组装和软件开发，整个过程耗时长达两年。

五、新型基础设施建设为数字化转型提供了基础，但数字化产业生态仍不完善。近年来我国新型基础设施建设进展很快，5G 基站已建成近 70 万个，全球领先；光纤用户占比 93%，4G 用户占比 81%，远高于全球平均水平；相比 2015 年底，固定宽带和 4G 用户端到端平均下载速率提升 7 倍多，固定宽带和手机流量的平均资费下降超过 95%，这些为中小企业数字化转型创造了有利条件。但在技术系统、相关标准规范等方面还有较大不足。比如，制造业中小企业使用的设备种类繁多、应用场景复杂，不同场景、设备使用的数据格式差异较大，缺乏统一的权威数据标准，导致海量数据无法兼容，也难以真正转化为有用的资源。

六、有关建议

一是鼓励大企业带动中小企业数字化协同转型。针对重点行业，鼓励龙头企业牵头组建数字化转型联盟，带动上下游中小企业协同推进数字化转型。支持大型科技公司向中小企业开放通用型数字化资源和技术服务。加快培育数字化转型解决方案供应商，支持相关产品和服务开发，为中小企业数字化转型提供实用易用、成本低廉的数字化产品、工具和服务。

二是加大对中小企业数字化转型的政策支持。通过税收优惠、加速折旧、产业引导基金投资等方式支持中小企业数字化改造，支持金融机构为中小企业数字化改造项目提供优惠利率专项贷款。针对不同中小企业在行业、数字化基础等方面的差异，实施更加精准的组合型支持政策。比如，对制造业中小企业，重点支持立足业务需要，部署信息化系统，实现生产设备、业务系统上云；对服务业中小企业，重点支持利用互联网开展商业模式创新。扶持一批中小企业数字化转型标杆，形成示范效应。

三是打造中小企业数字化转型公共服务平台。立足为中小企业提供适应需要的数字化转型共性技术、共性服务，搭建公共服务平台，助力中小企业在设备接入、标识解析、检验测试等方面提升基础能力。优化数据中心等资源布局，为中小企业数字化转型提供性能优、价格廉、可及性好的网络、数据存储、计算分析等基础型工具，降低中小企业数字化转型的技术壁垒。通过政府购买服务等方式鼓励服务平台与中小企业合作。

四是加快补上数据标准短板促进共享应用。引导行业组织、龙头企业研究制定数据的行业标准、团体标准、企业标准，适时将成熟的行业标准、团体标准上升为国家标准。加强标准体系与认证认可、检验检测体系的衔接。加快公共数据开放进程，促进数据资源的高效利用，建立健全数据采集、存储、交易等制度。

四、加大基本民生保障力度

湖北高校毕业生及湖北籍毕业生就业面临更多困难 需给予特殊帮扶

杨春悦

湖北省有 128 所高校、2020 年毕业生数量约为 40 万人，其中仅武汉就有 84 所高校、毕业生近 30 万人。湖北省外高校的湖北籍毕业生数量也不少，仅重点高校就有 2 万多人。与其他地区高校毕业生相比，湖北高校毕业生及湖北籍毕业生就业面临更多困难。主要表现在：

一是返校晚求职晚，导致部分岗位被"先到先得"。受疫情影响，湖北高校将比其他地区高校更晚开学。同时，《高等学校新型冠状病毒肺炎防控指南》要求留在湖北的师生暂缓返校，意味着即使其他地区高校开学，湖北籍学生也难以立即返校。在就业压力本来就大的情况下，湖北高校开学晚、湖北籍学生返校迟，将导致毕业生毕业和求职"慢半拍"，在与其他毕业生就业竞争中处于明显劣势。

二是去湖北招聘的企业数量减少。校园招聘等现场招聘是毕业生求职的传统渠道，也是企业招聘人才的重要方式。湖北高校众多，每年都吸引大量外地企业到湖北招聘。但据武汉大学校长等反映，今年北上广等地企业没来学校招聘。即使将来疫情过去，外地企业也可能不愿到所谓的"疫区"招人，这将对湖北高校毕业生就业造成不利影响。

三是湖北本地企业用人需求萎缩。湖北本地企业是湖北省高校毕业生的"用人大户"。受疫情影响，不少企业至今还没复工，有的企业处于破产边缘，用人需求明显减少。而且有的企业即使复工，也可能因市场份额被抢占、在产业链中被替代而陷入困境，吸纳省内高校毕业生就业能力将明显降低。

四是外出求职可能受到地域歧视。疫情防控期间，不少地方对来自湖北省的人员，以及湖北省籍人员采取了严格管控措施，有的甚至产生"恐鄂""排鄂"心理。这种对湖北的恐惧和防范心态短期内恐怕难以完全消除，用人单位在招聘湖北高校毕业生及湖北籍毕业生时会更加谨慎，有的甚至会直接拒绝。

这些困难交织叠加，将可能导致湖北高校毕业生及湖北籍毕业生出现区域性、规模性失业。建议在全面做好高校毕业生就业工作的同时，对这一群体给予重点帮扶。一是定向扩大湖北高校毕业生基层就业计划和参军升学规模，增加湖北地区农村教师特岗计划、大学生村官、三支一扶、西部计划等基层项目招募计划名额，增加大学生参军指标，加大研究生和专升本扩招规模。二是组织国企加大对湖北高校毕业生定向招聘力度，并延后部分常规招聘岗位招聘时间。三是加强对湖北经济恢复支持，推动中低风险县区加快复工复产，稳定本地就业容量。四是由湖北以外各省建立湖北籍毕业生就业台账，有针对性加强就业创业和升学帮扶。五是加强就业市场监管，依法打击就业地域歧视，维护湖北高校毕业生及湖北籍毕业生就业权益。

破解返乡创业六大堵点
带动更多农民工就近就业

刘帅　牛发亮

2019 年我国有农民工 2.91 亿，其中外出农民工 1.74 亿，本地农民工 1.17 亿。但受新冠肺炎疫情影响，2020 年农民工滞留乡村较多，一些返岗农民工再次返乡，同时本地企业吸纳农民工就业减少，不少农民工面临较大就业困难。其中，也有一部分返乡农民工带着学到的技术、积累的资金准备创业，但一段时间后由于遭遇多重困难，"返乡时的雄心"变成了"受挫的无奈"。今年在疫情的特殊背景下，支持农民工返乡创业比以往任何时候都更为重要。近期，我们通过与定点扶贫村视频连线座谈、与部分农民工电话访谈等方式，对农民工返乡创业问题进行了研究，现将有关情况报告如下。

一、支持创业的个性化帮扶缺失。一些扶贫干部反映，现在很多地方对农民工创业都有相应的支持政策，但大多是些边边角角的支持，真正能解决问题的个性化帮扶措施缺少。比如，西部某县返乡创业农民工反映，该县有160多位返乡创业农民工，涉及的行业从种蔬菜、猕猴桃、药材到养蜜蜂、养龙虾、开服装店等各不相同，创业自筹资金从几万元到100万元不等，但该县都毫无差别地给予3000元返乡创业帮扶资金，他自己的创业企业年收入50万元，最需要解决的是市场和物流运输问题，3000元的帮扶资金实际上可有可无。还有返乡创业农民工反映，一些农村的土产品在城里受到欢迎，但没有与超市、商场形成供货关系，创业者没有足够的市场开拓能力，在供销对接这一关键环节上缺少帮扶，导致村里卖不动、城里吃不上。

建议：借鉴疫情期间助企纾困经验，鼓励各地通过开通创业服务电话专线、在政务服务网上开辟专栏、在政务服务大厅开设专窗等方式，畅通返乡农民工创业咨询和求助渠道，建立农民工返乡创业诉求移交、办理落实、反馈评价等机制，切实解决农民工返乡创业遇到的个性化难题。

二、对农民工"胃口"的项目难找。 与大学生、科技人员、企业家等进行"机会型创业"不同，农民工创业多为"生存型创业"，需要的是门槛相对较低、风险相对较小的项目，哪怕市场前景不很大、回报不很高，只要有一定的盈利、能够持续运营，农民工都乐意做。而那些高风险、高回报、"高大上"的创业项目并不一定适合返乡农民工创业。但一些有创业意愿的农民工反映，部分地方政府推介和支持的创业项目恰恰是那些"高大上"、高门槛项目，绝大多数农民工"可望不可即"，而农民工够得着的项目，地方政府又看不上，缺少配套支持。特别是今年受疫情影响，能够实现盈利的项目大大减少，适合农民工创业的项目就更难找了。

建议：鼓励各地搭建农民工返乡创业平台，支持返乡农民工创办领办参办小工厂、小农场、小养殖、小电商等，为具有一定优势和技能的返乡农民工选择创业项目做好指引和服务。调动龙头企业、商场、超市积极性，发挥好带动作用，提高农民工返乡创业园、创业孵化器的服务水平，培育更多适合返乡农民工的创业项目。

三、对农民工创业的政务服务不优。返乡农民工由于受教育程度普遍较低，获取政策信息、与政府部门打交道的能力不强，因此需要更加精细、贴心的服务。但相比大中城市，县乡的政务服务却更粗糙，对很多农民工返乡创业造成障碍。有扶贫干部反映，一些农民工有创业激情和条件，但对相关政策不了解，也不知道应该和哪些部门沟通、怎么去沟通，不要说去争取政策支持，就连跑完整个审批都是难题，有的返乡创业项目在办证路上就"胎死腹中"。有养殖户反映，当地生态环境部门和畜牧部门在项目验收时，对畜禽粪污处理和资源化利用的验收标准不一致，导致养殖户无所适从。

建议：围绕农民工返乡创业，优化各类手续办理流程，精简程序，着力消除政策"打架"、标准不一等问题。加快环评制度改革，对环境影响小、风险可控的农民工返乡创业项目简化环评手续。调动县乡干部积极性，为返乡农民工创业项目明确"首席服务员"，分片包区对接返乡创业农民工，随时接受咨询，帮助解决诉求。

四、启动创业的"第一桶金"筹集难。某农业创业企业反映，目前乡村的创业机会大多集中在种植、养殖和旅游领域，动辄需要几十万元的资金才能起步。一些返乡创业者反映，要想获得贷款，须有本市户籍的国家公职人员或其他具有稳定收入的个人提供担保，或者用房产等作抵押。这对很多返乡农民工来说是一道难以跨过的坎。还有返乡创业农民工反映，当地政府帮助协调了创业信用贷款，但银行却在年营业额等方面设置了过高门槛，导致创业项目无法享受。

建议：在金融政策上，大力发展小微贷，进一步提高创业信用贷款的额度，降低放贷门槛；协同发挥政策性金融机构、商业银行等多种信贷支持作用，为返乡农民工创业提供长期、稳定、优惠的金融产品和差别化服务，拓宽农民工返乡创业的融资渠道。在财政政策上，鼓励各地设立创业专项资金，为返乡农民工创业提供贷款担保、贴息、创业补贴等；根据不同创业项目的特点，通过以奖代补等多种方式，加大对农民工返乡创业的投资支持。

五、农民工返乡创业面临用地难。 农民工创业绝大多数是创办经济实体，必须要有相应的用地和场所。但很多返乡创业者都面临用地难得、一厂难求的困境。有农村创业青年吐槽，现在农业创业用地审批很困难，要经过多层级、多部门，盖几十个章。

建议：支持以租赁、互换、入股联营等多种方式，盘活利用农村闲置宅基地和农房，用于发展产业。将新增建设用地指标合理切块，确保有一定比例用于乡村规划建设，实行"省管总量、计划单列、专项管理"的办法，简化审批手续，保障返乡农民工创业所需。

六、农村劳动力缺少接地气的技能培训。 农业农村部2019年的数据显示，全国返乡创业农民工创办的经济实体中，82%都在农产品加工流通、休闲旅游、电子商务和其他新产业新业态领域中，大部分需要具有相应技能的劳动力。但农村劳动力普遍缺少熟练技能，难以满足返乡创业农民工创办的企业需要。比如，中部某省一位返乡创业人员反映，由于村里的群众劳动技能普遍偏低，他为了确保生产效率，宁愿支付更高工资也要请一些熟练工，而熟练工大多住在县城，要请他们到村里上班，还要花钱给他们在村里找宿舍。还有返乡创业人员反映，他创办的虽然是农业企业，但需要一定的技能才能保证产品合格率、减少耗损，村里的群众大多干不好，所以只能从外地请人，这不但工资支出更高，还引起了本地人的不满，很多人都觉得"我会种地、会养鸡，怎么不请我"。也有农民工反映，现在电焊工的需求量很大，自己早些年自学了些电焊技术，不过没有电焊工证，不能无证上岗，却又不知道在哪里能学到好的电焊技术并能获得国家认可的电焊工证。部分地方组织了一些培训，但有的反映愿意参加培训的人数寥寥，不少受训人员觉得"听不懂""不对路""用不上"。

建议：支持返乡创业企业、培训机构与农民签订劳务培训合同，结合市场需求和农民意愿，组织开展对口技能培训。强化分类施训理念，适应返乡创业人员、普通农户等不同对象和不同行业技术差异，按照"企业和农民点单、专家配菜、政府支持买单"的办法，变单纯授课为实地实践指导，为参训农民做好培训后的点对点咨询、相应产销对接等延伸服务，提升培训针对性和实效，真正让"训有所值、训有所用"。

英国学位学徒制的做法和启示

郑真江

英国从 2015 年实施学位学徒制以来，在促进技术技能人才成长发展、推动职业教育与高等教育融合、提升企业参与职业教育积极性等方面，取得了明显实效。应积极研究和借鉴学位学徒制的经验做法，进一步提升我国高层次技术技能人才培养水平。

一、什么是学位学徒制

学位学徒制是现代学徒制的"升级版"，除了具备产教融合、校企合作、工学结合等现代学徒制的基本特点外，主要不同地方在于：

一是培养定位在本科和硕士层次。学位学徒制是目前英国学徒制体系中的最高层次。按照英国学位学徒计划，参与学徒可以获得与全日制大学生一样的学位。学位学徒制对应英国国家资格的 6 至 7 级，其中 6 级学徒获得学士学位，7 级获得硕士学位。大学负责为合格学徒颁发学位和职业资格证书，培养质量受英国高等教育质量保障机构、资格与考试管理办公室的监督。

二是综合性和研究型大学参与培养。与过去主要是职业院校参与学徒制培养不同，英国综合性、研究型大学是参与学位学徒制的主要机构，与国有企业、中小企业、政府公共部门建立合作关系并提供学位学徒培训的高校分别占88%、80%和71%。大多数罗素集团大学（英国一流的24所研究型大学组成）实施学位学徒项目，包括伦敦大学、曼彻斯特大学、布里斯托大学等知名高校。

三是通过征收学徒税提供免费教育。为解决学徒特别是学位学徒培养成本较高的问题，英国从2017年4月开始征收"学徒税"，要求工资总额超过300万英镑的公司必须缴纳工资总额0.5%的学徒税，并成立全国学徒税基金，为所有在英国的公司提供学徒培训资金，为学位学徒提供免费教育。

二、实施效果怎么样

英国学位学徒制2015年实施时，当年不足千人参与，到2018年迅速上升到1.1万人，企业和个人对学位学徒培训的需求持续增长。学位学徒制实施五年来，改变了高等教育应用型人才主要以学校为中心的传统培养模式，开辟了以企业为中心的培养新模式，拓展了现代学徒制度体系，获得英国社会各界的认可和支持。学位学徒制作为最高层次的学徒培养制度，在实践中逐步展现出一些独特优势：

一是适应了市场对高层次技术技能人才的需求。随着现代科技发展，对劳动者的技能要求逐步提高，一些新兴职业特别是工程技术人员，不仅需要掌握技术技能，也需要解决很多专业性问题，需要具备一定的创新能力、研发能力和技术水平。英国就业与技能委员会发布《英国劳动力市场展望：2014—2024》，提出到2024年，英国近54%的工作将由受过高等教育的人担任，且所有职业的平均准入资质和技能水平要求也将提高。因此，学位学徒制并不是凭空诞生，是现代经济和产业发展的客观要求。英国高校开发的学位学徒标准体系中，数量最多的是数字技术、专业测量、注册护理、特许管理等领域，这些领域培养的人才都是经济社会发展所紧缺的高层次技术技能人才。

二是推动了高等教育与职业教育的融合发展。学位学徒制实施前，高校特别是知名高校参与职业教育只是个别现象。实施学位学徒制，推动学位与国家资质等值融合，职业教育与普通教育不再泾渭分明，突破了技术技能人才成长的"天花板"，也推动了普通高校人才培养模式的改革创新。英国大学校长协会主席朱莉亚·古德菲勒说，通过实施学位学徒制，"学术和职业教育之间的人为分界线正在逐渐消失"。

三是提升了职业教育的社会地位和吸引力。学位学徒制度推动学徒制向本科、硕士等更高层面发展，一定程度上提高了职业教育的地位，改变了社会把职业教育当作"二流教育"的传统认识。社会各界对学位学徒的培养质量也越来越认可，调查显示，51%的雇主认为学位学徒的表现优于全日制大学学位学生。人才培养质量提升和社会认可，反过来有助于吸引更多高素质人才参与学位学徒制学习，形成良性循环。

四是调动了各方参与职业教育的积极性。学位学徒制让学生"在学习的同时赚钱"，在实现技能提升的同时获得学历提升，为那些通过传统途径无法进入大学的年轻人提供了新机会，有利于打破职业固化、促进社会流动，受到学生欢迎。对企业来说，学位学徒制就像是"定向委培"，充分反映企业诉求，校企共同协商课程方案，采取远程学习、脱产进修、半脱产进修、模块学习、混合学习等灵活形式，能够帮助企业培养和留住更多优秀人才。对高校来说，在获得培训收入和声誉的同时，也推动人才培养结构和类型的深刻变革。学位学徒制将职业技能学习和学术学习结合起来，是解决高等教育人才培养结构性矛盾的重要方法。

三、启示和建议

当前，我国正在加快建设现代职业教育体系，深入实施《国家职业教育改革实施方案》，完善高层次应用型人才培养体系，畅通技术技能人才成长渠道。应积极借鉴学位学徒制的经验做法，围绕产业升级发展需求，推动高层次技术技能人才培养模式创新。

一是将学位学徒列入学位制度体系。探索学位学徒制的基本前提是推动学位制度改革，从制度上明确学位学徒在学位体系中的定位。我国现行学位体系采取专业学位和学术学位并行办法，专业学位贯穿本、硕、博三个层次，主要培养应用型人才，但采取以学校为中心、全日制的培养模式，这与学位学徒制以企业为中心、非全日制的模式是不同的。应深化专业学位培养改革，推动一些学校探索把学位学徒制作为高层次应用型人才培养的重要途径，打破职业教育和普通教育的壁垒，推动学校面向社会办学。

二是选择部分专业先行先试学位学徒制。学位学徒制是产业发展到一定阶段的产物，是服务经济高质量发展的要求。现在我国产业加快升级，新产业、新业态、新模式不断涌现，催生出不少新职业。去年，有关部门公布13项新职业，包括人工智能工程技术人员、物联网工程技术人员、大数据工程技术人员、云计算工程技术人员、数字化管理师、建筑信息模型技术员、电子竞技运营师、电子竞技员、无人机驾驶员、农业经理人、物联网安装调试员、工业机器人系统操作员、工业机器人系统运维员等。这些新职业的共同特点是兼具创新性、研发性和技术性，选择这些新职业、新领域试点学位学徒制，能够更好地发挥学位学徒制兼顾技术教育和专业教育的独特优势。

三是完善技术技能人才的融合培养机制。能不能实现学术、技术和技能的融合培养，是学位学徒制教育成败的关键。要推动职业教育与普通教育融合发展，深化学历证书与职业资格证书"书证融通"改革，加快推进职业教育"1+X"证书制度改革，推动学历学位与职业资格的衔接。要坚持产教融合、校企合作，推动高校更多与产业界、企业界合作办学，建设联合培养基地。现在高等教育办学日益多样化，职业属性越来越明显，突出表现为高等工程教育和应用技术教育的快速发展。我国高等教育已进入普及化阶段，应面向经济社会发展需求，进一步突出办学多样化，推动高层次应用型人才培养改革不断深入。

四是加大对学位学徒制的政策支持。学位学徒培养是员工在职教育培训的一种类型，应纳入以训稳岗和职业技能培训的支持范围，通过失业保险基金结存开展学业资助，完善援企稳岗培训补贴，积极构建终身职业培训体系。现在有关部门正在积极推进职业教育产教融合型企业培育工作，要进一步落实好"金融＋财政＋土地＋信用"组合式激励、教育费附加抵免等已有的政策支持措施，调动企业参与高层次技术技能人才培养的积极性。

关于加强困难群众基本生活
兜底保障的建议和测算

孙慧峰　　乔尚奎

　　这次疫情对困难群众基本生活带来较大冲击，许多低收入群体也陷入困境。应进一步加大低保等社会救助制度兜底力度，更好保障困难群众基本生活。这也有利于提高低收入者消费能力、扩大内需。

一、近期可阶段性采取的措施

　　目前，许多国家已经出台了为低收入者发放现金补贴等扶持政策，我国一些省市也采取了为困难群众增发低保金等办法。结合我国国情和现行社会救助制度，建议近期可考虑采取以下措施。

　　第一，从 4 月至 6 月为低保对象增发 3 个月低保金。目前我国共有低保对象 4317 万人，其中城市 861 万人、农村 3456 万人。城市低保平均标准为 624 元 / 月，农村低保平均标准为 445 元 / 月。

由于实行补差发放，城市月人均补助 438 元，农村月人均补助 258 元。建议从 4 月至 6 月，可按城市每人每月 438 元、农村每人每月 258 元的标准，为城乡低保对象增发 3 个月的低保金。这样既可以增加低保对象收入，也不改变现行低保制度的主体框架，可以灵活实施或退出。初步测算，新增资金需求为 380.7 亿元。

第二，从 4 月至 6 月为城乡特困供养人员和低收入家庭一次性发放 3 个月临时生活补助。特困供养人员就是原来的城市"三无"人员和农村五保对象，共有 468 万人，其中城市 29 万人、农村 439 万人。目前，城乡特困人员基本生活标准分别为 9675 元 / 人·年和 7296 元 / 人·年，相当于城乡低保标准的 1.3—1.4 倍，保障水平略高于低保对象。除了特困供养人员，根据相关部门和专家测算，以城市低保标准的 2 倍、农村低保标准的 1.5 倍作为城乡低收入家庭认定标准，则全国还有低收入家庭人员约 1403 万，其中城市 446 万人、农村 957 万人。目前各地对低收入家庭采取了一些医疗、住房等专项救助措施，但没有收入支持政策。为保障特困供养人员和低收入家庭人员的基本生活，建议可按城市每人每月 300 元、农村每人每月 200 元的标准，为其一次性发放 3 个月的临时生活补助，共需资金约为 126.5 亿元。

第三，从 4 月至 6 月阶段性提高临时救助标准。据统计，2019 年我国临时救助 910 万人次、平均救助水平约为每人次 1400 元。由于疫情影响仍在持续，面临急难性、紧迫性困难群众增多，4—6 月临时救助需求可能增加为平时的 2—3 倍、达到 560 多万人次。为了提高救助实效，建议将临时救助标准阶段性提高 1 倍、达到平均每人次 2800 元。据此测算，约需要安排临时救助资金159.3 亿元。

若上述三方面措施一并实施，则今年社会救助资金需求将新增 666.5 亿元，按目前社会救助中央和地方财政支出各占 70% 和 30% 计算，中央财政支出需新增约 466.6 亿元。

二、加快推动低保制度提标扩面

城乡居民最低生活保障制度作为社会保障最后一道安全网，在保障群众基本生活方面发挥着基础性作用。根据一些专家的研究成果，目前我国城乡低保标准总体上仍然偏低。从占收入的比例看，西方国家一般采用居民收入中位数的 50% 或 60% 作为社会救助标准，而我国城乡低保标准分别仅相当于城乡居民人均可支配收入的 17.7% 和 33.3%；从覆盖人口看，全国低保对象 4317 万人，仅占总人口的 3.1%，而许多国家社会救助覆盖总人口的 10%—20%。现阶段，为应对疫情冲击，保障困难群众基本生活，应适当采取提标扩面等措施，进一步加大低保兜底保障力度。当然，我国仍是发展中国家，社会救助标准也不能提得过高过快，要坚持尽力而为、量力而行。

对于低保来说，提标实际上也是扩面。具体实施中一是仍实行补差发放，即按家庭人均收入与低保标准的差额确定领取的低保金。二是实行全额发放，即不论家庭人均收入多少，只要低于低保标准，都可以全额领取低保金。

补差发放是低保制度的常规做法，需新增的资金也相对较少。但实践中由于很难对居民收入进行准确核算，特别是农村居民的赡养收入、生产经营收入、实物收入等计算经常存在误差，补差发放有时不够精准。如果改为全额发放，操作上会更加简便，保障力度也更大，而且不会因就业等收入增加而扣减低保待遇，一定程度上可以激励劳动者去就业。但全额发放是对现行低保制度

143

的重大调整，要注意在提高低保对象保障水平的同时，防止给低保边缘家庭带来明显的"悬崖效应"。具体采取哪个方案，需要有关部门深入研究论证。

三、强化对失业人员基本生活的兜底保障

我国低保实行按家庭申请，只要共同生活的家庭成员人均收入低于当地最低生活保障标准，就可以获得低保。但由于种种原因，实践中仍有一些失业人员未能及时纳入低保。

建议：一是在审核低保家庭收入时，不将失业金计入。按现行规定，如果领取失业金后家庭人均收入超过低保标准就不能再获得低保。但考虑到失业金一般只有最低工资的90%左右，与就业期间实际工资相比落差较大，对家庭基本生活会产生明显影响。不将失业金计入家庭收入，可以更好做到应保尽保，也有利于合理提高失业人员及其家庭的实际保障水平。

二是探索将低保由审批制改为申领制。只要失业人员提供相应信息资料并承诺其真实性，通过后台自动核查符合条件的，就为其发放低保，不再由乡镇或县级政府层层审批。相关部门要加强抽查监管，发现违规领取低保的予以追回并给予相应处罚和信用惩戒。同时，在有条件的地方推行网上申领、网上发放，不让困难群众因领取低保来回跑部门。

加大税收优惠支持力度
加快培育做大养老保险第三支柱

刘军民　　乔尚奎

截至 2020 年底我国 60 岁以上老年人口已达 2.64 亿，未来一个时期老龄化进程还将进一步加速，预计"十四五"期间老年人口将突破 3 亿，2035 年将达到 4 亿左右。应对人口老龄化任务艰巨繁重，需要加快发展多层次、多支柱养老保险体系。

从我国养老保险体系现状看，发展不完善不均衡，基本养老保险"一支独大"，第二支柱企（职）业年金规模有限，特别是第三支柱商业养老保险发展迟缓，成为突出短板和弱项。截至 2019 年，我国具有第三支柱性质、退休后分期领取的商业养老金规模仅 5000 多亿元，占 GDP 比重不到 1%。而 OECD 国家具有相同功能属性的商业养老金资产规模与 GDP 的比率平均值为 77%。发展多支柱养老保险有助于形成政府、单位和个人合理分担养老责任的机制，体现公平和效率的统一。特别是第三支柱自愿性参保、市场化运营、账户资金积累归个人，具有激励性强、透明度高、灵活性好等优势，可为群众提供多元化的退休收入和多样性的养老保障，为积极应对人口老龄化提供强有力支撑。

为推动养老保险第三支柱发展，自2018年5月1日起，国家有关部门支持在上海、福建（含厦门）和苏州工业园区实施个人税收递延型商业养老保险试点，但成效不及预期，试点两年来累计仅4.76万人投保，实现保费收入约3亿元。第三支柱"叫好不叫座"、发展潜力未有效释放，究其原因主要有三个方面：

一是现行税收优惠政策激励作用有限。税收优惠是推动商业养老保险发展的重要引擎。当前养老保险税收递延优惠力度有限，个税扣除限额距投保者期望有差距。在缴费阶段，制度规定税延养老保险保费税前扣除标准按当月工资薪金、连续性劳务报酬收入的6%和1000元孰低办法确定，这一优惠限额标准偏低。按目前个税税率，以税前月收入8000元—1.7万元的纳税人（适用10%的个税边际税率）为例，每月享受的税收优惠额不超过25元，投保者获得感不强。同时对那些有超额缴费意愿的个人而言，超额缴费部分不仅不能享受税收递延优惠，还将面临缴费期和领取期的双重征税，使政策吸引力大打折扣。在领取阶段，递延型养老保险在退休领取时需按7.5%的税率对保费和投资收益全额缴税，而个税改革后大部分纳税人适用税率降到3%的低档，相比之下，购买递延型养老保险在税负上并不占优。

二是现行税收优惠政策惠及面有限。2018年10月，我国个税基本减除费用标准提高至5000元/月，并从2019年1月1日起实施专项附加扣除政策，客观上使实际能享受递延税收优惠的目标人群进一步缩窄，据测算只有个税边际税率为20%以上的中高收入人群才能实质性享受到税收优惠。数据显示，在上海，个税改革后，新参加税延养老保险的人数下降了约七成，并出现已投保客户停止缴费的情况；在苏州工业园区，参加税延养老保险的主体从个税改革前月收入 1 万元左右的人群变为个税改革后月收入 2.3 万元以上的人群，政策惠及面大幅缩窄。

三是现行税收优惠实施载体范围有限。按现行规定，第三支柱税收优惠政策的实施载体是保险公司按照《个人税收递延型商业养老保险产品开发指引》开发提供的"税延养老保险产品"，属于产品制，且目前只面向保险业，而基金、银行理财、信托等产品尚未被纳入税收优惠实施范围。事实上，养老金的受益主体和纳税主体应是投保人而非具体产品，税收优惠实施载体的偏差很大程度上限制了养老保险资金运用。

"十四五"时期是我国应对人口老龄化的关键窗口期。为加快培育做大第三支柱商业养老保险，促进多层次、多支柱养老保险体系发展，建议进一步加大税收优惠激励，完善相关制度机制。

第一，加大税收优惠力度，完善政策激励。提高纳入税收递延型商业养老保险免税工资额度，将每月税前扣除额度从 1000 元提高到 2000 元—3000 元，建立与社会平均工资增长相联系的动态调整机制。鉴于不少企业月工资水平是浮动的，特别是个别月份年终奖占较大比例，平摊每月工资计算复杂，比例制税前扣除难以操作，建议取消 6% 的比例限制，统一按照固定标准进行税前扣除并简化流程，方便员工投保和单位协助办理税收递延手续。同时，将领取阶段的实际税率降至 3% 左右，或与其他收入合并计算缴纳个人所得税，并仅对本金部分征税、收益予以免税，与现行资本利得免税政策相衔接。

第二，加强三支柱之间税收优惠政策衔接。打通第二、第三支柱间的资金流动机制，加强缴费记录、税收优惠、投资管理等方面的衔接。若职工未参加企业年金计划或参加后个人缴费没有达到免税比例上限，则可将全部或差额部分叠加至其商业养老保险账户的缴费上限，并享受税前扣除优惠。同时允许符合一定条件的参保人将第一支柱中的个人账户资金转移至第二支柱或第三支柱的账户、开展市场化投资运营，允许离职人员将年金归属个人的资金转移至其第三支柱。

第三，拓宽适用税收优惠的商业养老保险资金运用范围。推进税收优惠政策实施由产品制转为账户制，即以个人账户为载体，并以此为基础扩大资金运用范围。鼓励银行、信托、基金及互联网金融等各类金融机构参与个人账户养老金资金运营，对符合政策要求的金融产品实施税收优惠，促进个人账户养老金安全稳健运行和长期保值增值。

关于扩大长期护理保险试点
相关问题的几点建议

刘军民　　乔尚奎

稳步建立长期护理保险制度是积极应对人口老龄化的重要举措，是党的十九届五中全会明确的重点任务。2016 年以来，全国 15 个试点城市和 2 个重点联系省份开展了长期护理保险试点，至 2019 年底参保人数达到 9815 万人，累计享受待遇人数 110 万人。前不久，国家医保局、财政部印发了关于扩大长期护理保险制度试点的指导意见，将试点范围扩大到 49 个城市。这项改革政策性很强，事关长期制度建设，现就试点推进中需把握的相关问题，提出以下建议。

一、把握好制度的功能定位，明确长期护理保险为独立险种。前期试点中，不少地方通过从城镇职工基本医保基金中进行缴费划转来建立长期护理保险。需要明确的是，基本医保主要是为参保人员提供医疗费用保障、分担疾病经济负担风险，而长期护理保险应定位于为因年老、患病或遭受意外伤害等导致部分或全部身体机能丧失的被保险人提供长期护理服务保障，两者制度属性和功能存在明显差异，保障内容不同，基金管理和费用支付标准也不一样，通过拓展现有基本医保无法实现长期护理保障功能。因此，应从制度层面明确长期护理保险作为独立险种的定位，而非医疗保险、养老保险的附加或延伸，应分别建账、分账核算、独立运行。

二、立足保基本、全覆盖，尽可能扩大参保范围。作为一项民生工程，长期护理保险应定位为具有互助共济、责任共担功能的社会保险制度，惠及全体居民。比如，在日本，相关法律规定凡年满40周岁以上的日本国民都必须参加介护保险；德国8200多万人口中，有7000多万人参加了法定护理保险，900多万人参加了商业护理保险，基本覆盖了全体国民。从我国前期试点城市来看，考虑到经济发展水平、税费负担情况、资金筹资能力等因素，试点阶段从职工基本医疗保险参保人群起步，制度覆盖面偏窄。这不利于实现制度的风险分担、互助共济的功能，也不利于促进社会公平。从我国应对老龄化需求和制度长远发展来看，长期护理保险应该是全民社会保险，而不是仅针对部分人群的保险。随着试点的深入实施，有条件的地方应扩大参保对象范围，循序渐进从职工医保参保人员扩大到城乡居民医保参保人员，进而扩大到全体居民。

三、坚持可负担可持续原则，建立科学稳定的筹资机制。稳定的筹资是长期护理保险运行发展的基础和关键，前期试点地区做了积极探索。从筹资渠道看，有的地区如广州、长春、青岛、成都等，通过从职工医保统筹基金划拨，或通过调整医保统筹基金和个人账户结构筹集资金，单位和个人不需另外缴费；有的地区如上海、安庆、承德、荆门、南通等，通过个人缴费、从医保统筹基金或个人账户结余中划转、财政补助等方式综合筹资；有的地区如宁波、上饶、石河子、苏州等，还接受企业、单位、慈善机构等社会团体和个人的捐助。从筹资方式和标准来看，有的采取定额筹资，如广州市筹资标准为每人每年130元，南通市为每人每年100元，安庆市为每人每年30元；有的采取按收入一定比例筹资，如承德市为上年度参保人员工资总额的0.4%，荆门市为上年度居民人均可支配收入的0.4%。

表 1　试点地区长期护理保险筹资方式与筹资标准

筹资方式	试点地区	筹资标准
定额筹资	安庆	每人每年30元，其中医保统筹基金中划转20元，个人缴纳10元
	广州	每人每年130元，均从医保统筹基金中划转
	南通	每人每年100元，其中个人缴纳30元，医保统筹基金划转30元，政府补助40元
	上饶	每人每年100元，其中个人缴纳40元，医保统筹基金划转30元，单位缴纳30元
比例筹资	承德	上年度参保人员工资总额的0.4%，其中个人负担0.15%，政府补助0.05%，职工医保基金划转0.2%
	荆门	上年度居民人均可支配收入的0.4%，其中个人承担37.5%，医保统筹基金划拨25%，财政补助37.5%
	青岛	不超过当年居民社会医疗保险费筹资总额的10%，从居民医保基金中划转
	苏州	不高于上年全体常住居民人均可支配收入的0.3%；个人与政府共同承担，政府补助不低于个人缴费标准
混合筹资	宁波	在职职工个人按本人基本医保缴费基数的0.1%按月缴费，单位缴纳0.2%；灵活就业人员、失业人员按本人基本医保缴费基数的0.3%按月缴费；退休人员按城乡居民上年可支配收入的0.1%缴费
	上海	参加职工医保的，以职工医保缴费为基数，单位和个人各缴纳0.1%，退休人员不缴费；参加城乡居民医保的60周岁及以上的人员，按略低于上一类人员的人均筹资水平筹资，个人缴费占总筹资额的15%左右，其余部分由市、区财政按照1∶1比例分担

151

（续表）

筹资方式	试点地区	筹资标准
混合筹资	成都	单位缴费，从职工医保统筹基金中按月划拨 0.2%。个人缴费，40 岁（含）以下的从职工医保个人账户中按月划转 0.1%；40 岁以上的从职工医保个人账户中按月划转 0.2%；退休人员从职工医保个人账户中按月划转 0.3%
	长春	参加城镇职工医保的，从医保统筹基金中划转 0.5%；参加居民医保的，每人每年从医保基金中划转 30 元
	石河子	按社保平均缴费基数或城乡居民可支配收入的 1% 左右缴费。参加职工医保的，按 15 元 / 人每月的标准从职工医保统筹基金中划转；参加居民医保的，18 周岁及以上的参保人按 24 元 / 人每年的标准从居民医保统筹基金中划转

总的看，各地筹资渠道主要还是依靠现有的医保基金，个人和单位缴费较少，筹资的独立性、稳定性和可持续性不足，且容易混淆医疗保险和护理保险的保障边界。日本的介护保险筹资由财政投入和保险缴费两部分组成，两者各占 50%。下一步，我国应系统梳理社会保险各险种费率关系，以单位和个人缴费为主、财政适当补助为辅，建立长期护理保险独立、稳定的多元筹资渠道，单位和个人缴费责任原则上同比例分担。筹资水平要适应经济发展状况，坚持保基本、低标准起步，使各方都能承受，未来随着经济发展可动态调整。

四、坚持科学完备和简便易行，建立健全统一的护理等级评估制度。不同于其他社会保险，长期护理保险在待遇给付时，需要遵循严格的护理等级评定标准和审查程序。日本在多年实践中逐步建立了系统完备的护理等级评定标准体系，但过于繁琐，比如仅"身体机能评定"一项就有 80 多个指标，且每半年要再次核实并调整，耗费大量人力物力，制度运行成本偏高。国内前期试点中，各地评估标准、评估内容等方面存在较大差异。比如，15个试点城市中有10个参照使用统一的国际评估量表，5个研究制定了本地化评估标准体系。下一步，各地应借鉴国外有益经验，结合本地实际情况，按照科学有效、简便易行的原则，制定失能人员护理需求认定和等级评定的标准和配套办法，并与待遇支付政策挂钩关联。在总结地方试点经验的基础上，国家有关部门应加快研究制定全国统一的失能评估标准和工具，按统一标准划分养老护理需求等级，规范评估认定流程，明确不同等级的服务保障标准。

五、把握好适度保障和激励约束导向，合理制定待遇给付政策。日本介护保险保障范围较宽，不仅涵盖了居家照护、上门访问照护、短期机构照护、专业养老机构照护，还包括特殊照护预防、使用辅具等，参保者根据不同经济状况个人负担10%、20%和30%的比例，导致基金负担不断加重。我国应汲取有关经验教训，坚持保基本、可持续，建立公平适度的待遇保障机制，既尽力而为，尽可能为老年人提供更好服务；又量力而行，重点保障高龄、重度失能、残疾老年人的照护需求，确保基金收支平衡、稳健可持续运行。为避免基金被过度利用，甚至滥用的风险，应增强参保人成本费用意识和约束机制，建立合理的共付机制，对政策范围内的长期护理费用，保险支付水平应总体控制在70%左右，个人负担30%左右。同时，待遇支付标准与护理等级、服务提供方式等相适应，制定差别化待遇保障政策，引导参保人更多利用居家和社区等经济适宜的护理服务。

六、把握好中央和地方支出责任，推进长期护理保险制度更高层次统筹。长期护理保险作为一项基本公共服务政策，应朝着均等化方向发展，做到参保可转移接续、待遇可携带，最终实现全国层面的基金统筹、制度统一。现阶段以地市级为单位来推进试点，基金运行管理也以地市级为统筹单位，这有利于调动地方积极性，但同时也产生了制度碎片化、统筹层次分散的问题，给将来制度统一带来了障碍。这方面可借鉴日本有关经验。日本中央政府在介护保险制度中起主导作用，负责统一制定筹资标准、参保方案、受益条件、护理服务价格等，市町村负责需求评估和护理等级认定等日常运营管理。从促进社会公平和适应越来越多的异地养老需求出发，全国统筹应是长期护理保险发展的必由之路。随着扩大试点工作的推进，建议及时研究制定提升统筹层次的制度方案，合理划分中央和地方在这一领域的事权和支出责任，尽可能在全面推行时一步到位实现全国统筹。

疫情汛情叠加下应及早做好开学季困难家庭学生帮扶工作

刘帅　　牛发亮

2020年受新冠肺炎疫情、洪涝等影响，遇到困难的家庭增多，需要帮扶的困难家庭学生也相应增加。新学年开学在即，建议及早统筹资源，对困难家庭学生精准有效做好帮扶工作。

一、疫情导致需要资助的学生增多。 一些家庭因为有成员感染而隔离等因素，全家的劳动力都不能正常工作，较长时间没有收入。另外，很多中小微企业雇用人员、城镇务工人员、小商贩、产品滞销农户等收入锐减，有关方面估算，这类"因疫而困"的家庭至少有数百万户。有调查显示，42%的受访者反映受疫情影响收入比往年减少，近1/3的受访者收入减幅达20%以上。有关部门数据显示，截至7月底，各地共有420多万已脱贫人口和贫困边缘人口存在返贫致贫风险。来自这些家庭的不少学生亟需帮扶。

二、洪涝灾区集中连片新增困难家庭学生。 截至2020年8月中旬，洪涝灾害已造成6300多万人次受灾，比前5年平均值多13%，倒塌房屋5.4万间。大量农户的庄稼被淹失收，养殖业受损严重，有的商户存货被水浸泡，多年积蓄损失殆尽。受灾地区容易集中连片新增较多困难家庭学生，比如西南某地仅8月17日至19日的一场强降雨就导致片区9个乡镇67个村2022户家庭受灾，不少家庭都有孩子在上学，常规的助学措施可能面临力度不足、覆盖不够等问题。

三、企业等社会力量资助的金额可能减少。2020年，大量企业生产经营遇到困难，在盈利减少，甚至亏损的情况下，企业助学捐资明显减少。另外，在抗击疫情中，许多企业、社会组织和个人捐助了大批物资和款项，透支了捐助能力。比如，中部某市所辖多个县教育基金会今年获捐赠金额比往年减少2成以上。

四、有的学校缺乏资助对象动态调整机制。很多学校以新生入学时提供的困难家庭证明为基础，建立困难家庭学生档案，之后几年资助工作都以最初的档案为准，不再更新调整。往年学生家庭经济情况变动不大，这个问题不突出。但今年由于受疫情、洪涝等影响，一些以往无需资助的在校生也亟需资助，可能因为之前没有建立困难家庭学生档案而无法获得帮扶。

五、相关建议

一是加大对困难家庭学生的帮扶力度。充分考虑2020年疫情、洪涝等特殊因素影响，在认真统计测算的基础上，分级分类合理确定资助标准，增加资助人数，尽快把资助的款项和物资下拨到学生手中。

二是精准确定资助对象。对受疫情、洪涝影响严重的地区倾斜支持，指导地方和学校合理调整以往平均分配资助名额等做法，更好做到以学生的家庭经济情况为依据，确定资助对象。结合学生自主申请和承诺、家庭经济情况证明、消费情况观察等多种手段，提高资助精准性，使最需要帮扶的学生获得资助。

三是完善资助对象动态调整机制。督促学校动态跟踪在校生的家庭变化情况，实时更新困难家庭学生档案，把新增的困难家庭学生及时纳入帮扶范围，同时允许学生随时据实申请资助。学校应借助信息技术手段，了解学生校园卡消费情况，对消费过低的学生予以重点关注，对高消费的受资助学生进行重新核实，确保帮扶困难家庭学生的政策在落实中不漏不偏。